Jede*r hat das Recht

Fälle, Fakten und Gedanken zum Grundgesetz

Das erste Urteil, das **Christine Olderdissen** in ihrem Jurastudium gelesen hat, war die Entscheidung des Bundesverfassungsgerichts zum Schwangerschaftsabbruch von 1975. Ihr eigenes Grundrecht auf freie Entfaltung der Persönlichkeit hat sie genutzt, um nach dem erfolgreichen Abschluss des juristischen Referendariats in den Fernsehjournalismus zu wechseln. Jahrzehnte später erklärte sie ihrer siebenjährigen Tochter Milla am Abendbrottisch, warum auch Prinzessinnen Grundrechte haben, obwohl die Monarchie in Deutschland abgeschafft ist und wir in einer Demokratie leben.

Eine politische Stimme zu haben, war **Milla Olderdissen** schon in jungen Jahren wichtig. Für ihren mittleren Schulabschluss in Klasse 10 hat sie das Thema Parität bearbeitet: »50 Prozent Frauen in die Parlamente«. Heute stört es sie, dass sie erst mit 18 Jahren wählen darf, während sehr alte Menschen über eine Klimapolitik entscheiden, die diese selbst nicht mehr erleben werden. Während ihrer Vorbereitungen zum Abitur hat sie zusammen mit ihrer Mutter dieses Buch geschrieben – mit einem Blick auf die große Bedeutung der Grundrechte für junge Leute.

Christine + Milla Olderdissen

JEDE*R HAT DAS RECHT

Fälle, Fakten und Gedanken zum Grundgesetz

Gabriel

Was hat das Grundgesetz mit dir zu tun?

Du willst coole Bilder an Hauswände sprayen, von deinen Eltern mehr Taschengeld einfordern und am besten gleich das Klima retten? Auf alle diese Wünsche, die für dich vielleicht wichtig sind, hat ein Gesetz eine Antwort: Es ist das Grundgesetz. In Artikel 1 beginnt es mit der Würde des Menschen. ***»Keine Frage – egal wie alt du bist, es ist auch deine Würde. Sie ist unantastbar.«***

Grundgesetz für die Bundesrepublik Deutschland

Artikel 1 Absatz 1

Die Würde des Menschen ist unantastbar. Sie zu achten und zu schützen ist Verpflichtung aller staatlichen Gewalt.

Was das bedeutet, wollen wir dir in diesem Buch erklären. Und noch viel mehr. Im Jahr 2024 wird das Grundgesetz 75 Jahre alt. Schon deine Großeltern und Eltern sind mit dem Grundgesetz groß geworden. Es setzt den Rahmen, in dem die Demokratie in Deutschland funktioniert und damit das Zusammenleben von mehr als 80 Millionen Menschen. Manche von uns denken sehr fortschrittlich und wollen vieles verändern. Andere sind eher konservativ. Sie wollen das Bestehende bewahren und manchmal sogar die Uhr zurückdrehen, zu den sogenannten ***»guten alten Zeiten«***. Eine stabile Demokratie hält diese Diskussionen aus. Alle vorgeschlagenen Lösungen müssen sich nämlich an den Rahmen des Grundgesetzes halten.

Dich wird das Grundgesetz noch lange begleiten. Und selbst wenn du noch recht jung bist, forderst du bestimmt mal das eine oder andere Recht ein, von deinen Eltern, von der Schule oder sogar vom Staat: ***»Ich habe ein Recht darauf!«***

Stimmt, dir stehen viele Rechte zu. Aber anderen genauso. Dann muss ein Mittelweg gefunden werden, damit alle zu ihrem Recht kommen, auf der Grundlage des Grundgesetzes.

Alles begann 1948 in einem Haus voll ausgestopfter Tiere. Wie es mit der Entstehung des Grundgesetzes weiterging, berichten wir in diesem Buch. Im zweiten Teil erzählen wir dir viele kleine und große Geschichten, wie sich das Grundgesetz auf Kinder und Jugendliche auswirkt. Da sind bestimmt Situationen dabei, die du kennst. So kannst du das Gesetz, das uns allen wichtige Rechte gibt, kennenlernen. Oder du springst kurz mal zum Überblick am Ende des Buches. Da haben wir die Bedeutung von allen Grundrechten erklärt und den Gesetzestext gleich dazu gestellt.

Wir, das bin ich, Milla, 18 Jahre alt. Wenn das Buch gedruckt ist, habe ich mein Abitur in der Tasche. Und Christine, Millas Mutter. Ich bin Journalistin und habe Rechtswissenschaften studiert. Deshalb kenne ich mich mit dem Grundgesetz ziemlich gut aus. Was ich nicht weiß, kann ich recherchieren. Genauso wie Milla.

Während wir dieses Buch geschrieben haben, haben wir viele Fragen diskutiert und nach Antworten gesucht. Wir hoffen, du bist genauso neugierig wie wir und machst dich beim Lesen auf die Suche nach Antworten.

CHRISTINE + MILLA
OLDERDISSEN

1 FAKTEN ZUM GRUNDGESETZ

2 WAS BEDEUTEN DIE GRUNDRECHTE FÜR DEIN LEBEN?

3. WAS IST DER WORTLAUT DER GRUNDRECHTE UND WAS BEDEUTEN SIE?

1

FAKTEN

ZUM GRUNDGESETZ

WAS IST EIGENTLICH DAS GRUNDGESETZ?

Menschen brauchen Regeln. Das macht das Zusammenleben einfacher und gerechter. Regeln verhindern Streit. Und sie helfen auch, einen Streit zu schlichten. Meistens jedenfalls.

In einer Demokratie gibt es Gesetze. Das sind die Regeln, die in einer demokratischen Abstimmung im Parlament zustande kommen. Das wichtigste Gesetz in Deutschland ist das Grundgesetz. Es regelt die Grundrechte, die jeder Mensch hat und die er vom Staat einfordern kann. Die Grundrechte sind in den ersten 19 Artikeln des Grundgesetzes festgeschrieben.

Auf dem Grundgesetz bauen alle anderen Gesetze auf

Außer den Grundrechten regelt das Grundgesetz, wie unser Staat organisiert ist. In Artikel 20 Grundgesetz sind die vier Säulen festgelegt: Demokratie, Bundesstaat, Rechtsstaat und Sozialstaat. Damit diese Struktur für immer so bleibt, gibt es die Ewigkeitsklausel in Artikel 79 Absatz 3 Grundgesetz.

In einer Demokratie besteht Gewaltenteilung, das bedeutet: Die Macht im Staat ist aufgeteilt. Die gesetzgebende Gewalt ist die Legislative, die ausführende Gewalt die Exekutive und die rechtsprechende Gewalt die Judikative. Diese Grundstruktur haben alle demokratischen Staaten in ihrer Verfassung festgelegt.

In Deutschland haben wir den Bundestag und die Länderparlamente als Legislative. Die Behörden bzw. die Verwaltung als Exekutive und die unabhängigen Gerichte als Judikative. Das ganze Handeln des Staates wird am Grundgesetz gemessen. Alle Gesetze, Vorschriften und Regelungen müssen sich nach ihm ausrichten. Es bildet also die rechtliche und politische Grundordnung der Bundesrepublik Deutschland und ist die geltende Verfassung. Alles in allem ein perfektes System, ein Rädchen greift in das nächste.

Unsere Verfassung heißt Grundgesetz

Verfassungen anderer Länder heißen meistens Verfassung. Nur Deutschland nennt seine Verfassung *›Grundgesetz‹*. Warum ist das so? Um diese Frage zu beantworten, müssen wir unseren Blick in die Vergangenheit lenken.

Am 9. Mai 1945 endete der Zweite Weltkrieg in Europa und damit die nationalsozialistische Gewaltherrschaft unter Adolf Hitler. Die Siegermächte teilten Deutschland in vier Besatzungszonen auf. Dies führte 1949, nach Jahren vieler Krisen und Spannungen, zur Teilung Deutschlands. Aus der sowjetischen Besatzungszone im Osten wurde die *›Deutsche Demokratische Republik‹*, offiziell abgekürzt: DDR. Die US-amerikanische, die französische und die britische Besatzungszone im Westen vereinten sich zur Bundesrepublik Deutschland. Meistens wurde sie *›Bundesrepublik‹* genannt oder auch BRD.

Beide deutschen Staaten gaben sich jeweils eine eigene Verfassung. Die Teilung Deutschlands wird am Datum ihrer Bekanntgabe festgemacht: Die Bundesrepublik verkündete am 23. Mai 1949 das Grundgesetz. Damit war ein Staat mit demokratischen Grundsätzen entstanden.

Die DDR verkündete ihre Verfassung am 7. Oktober 1949. Trotz der Namensgebung war die DDR kein demokratischer Staat, sondern eine Diktatur. Es gab keine freien Wahlen und keine parlamentarische Opposition, keine unabhängigen Gerichte und erst recht kein Verfassungsgericht.

Die DDR existierte rund 40 Jahre lang. Im Sommer 1989 forderten immer mehr Ostdeutsche vom SED-Regime Reformen und demokratische Grundrechte wie Reise-, Meinungs-, Presse- und Versammlungsfreiheit. Dafür gingen sie bei Montagsdemonstrationen auf die Straße. Viele flüchteten auch über Ungarn, nachdem dort der Grenzzaun geöffnet worden war. Am 9. November 1989 fiel die Mauer, am 3. Oktober 1990 wurden beide Staaten zur *›Bundesrepublik Deutschland‹* wiedervereint. Mit diesem Datum wurde das Grundgesetz für ganz Deutschland zur geltenden Verfassung erklärt.

Das Grundgesetz war nur als Provisorium gedacht

Manchmal gibt es Kritik, dass dem Grundgesetz die *demokratische Legitimation* als Verfassung fehle. Da ist etwas dran, dazu müssen wir tiefer in die Geschichte des Grundgesetzes einsteigen.

In vielen Ländern entwirft eine verfassunggebende Versammlung den Text der Verfassung. Diese wird dann vom Volk, also den Menschen, die wählen dürfen, in einem Referendum beschlossen. Das ist die demokratische Legitimation. Auf solch ein Referendum, also auf einen Volksentscheid, wurde in Deutschland verzichtet, sowohl beim Inkrafttreten des Grundgesetzes 1949 als auch bei der Wiedervereinigung 1990.

1948 hatten die Militärgouverneure der westdeutschen Besatzungsmächte den damaligen Ministerpräsidenten der Länder aufgetragen, solch eine verfassunggebende Versammlung einzuberufen, um *›eine demokratische Verfassung‹* auszuarbeiten. Die Ministerpräsidenten befürchteten jedoch, mit einer Verfassung die Teilung Deutschlands zu zementieren und forderten stattdessen ***»ein Grundgesetz für die einheitliche Verwaltung des Besatzungsgebietes der Westmächte«***. Die Alliierten akzeptierten die provisorische Lösung und damit den Namen *›Grundgesetz‹*.

Der Zeitpunkt für ein Referendum wurde für den Moment der Überwindung der Teilung festgelegt. Im letzten Artikel des Grundgesetzes, Artikel 146, stand deshalb, dass das deutsche Volk nach einer Wiedervereinigung über die gemeinsame Verfassung abstimmen soll.

Grundgesetz für die Bundesrepublik Deutschland

Artikel 146 alte Fassung (1949 bis 1990 in Kraft)

Dieses Grundgesetz verliert seine Gültigkeit an dem Tage, an dem eine Verfassung in Kraft tritt, die von dem deutschen Volke in freier Entscheidung beschlossen worden ist.

Chance verpasst: Wiedervereinigung ohne Volksentscheid

In den 40 Jahren der Teilung hatten die Bürger:innen der Bundesrepublik das Grundgesetz quasi als ihre Verfassung akzeptiert. Es hatte sich als Grundlage für eine freiheitliche und stabile Demokratie bewährt, mit einem herausragenden Schutz von Grund- und Menschenrechten.

Der Fall der Mauer 1989 kam für viele überraschend. Die Deutschen in Ost und West hatten sich auf die Existenz von zwei deutschen Staaten eingestellt. Gerade die Jüngeren kannten es nicht anders. Umso erstaunlicher war, mit welch großem Tempo die Wiedervereinigung vorangetrieben wurde.

In den chaotischen Wendemonaten des Winters 89/90 versuchte die DDR-Bürgerbewegung am sogenannten *›Runden Tisch‹* auf Augenhöhe mit der SED-Regierung über Wege in die Demokratie zu verhandeln. Unter anderem wurde eine Arbeitsgruppe gebildet, um eine eigene, neue DDR-Verfassung zu formulieren. Ein entsprechender Entwurf gelang sogar, allen Schwierigkeiten zum Trotz. Im März 1990 wurde zum letzten Mal eine Volkskammer der DDR gewählt. Niemand war jedoch an einer Diskussion über diesen Verfassungsentwurf interessiert. Stattdessen gab es einen Streit über den juristisch besten Weg der Wiedervereinigung: Eine Volksabstimmung über das Grundgesetz, wie in Artikel 146 vorgesehen, oder ein einfacher Beitritt nach Artikel 23?

Ein Referendum wurde schnell verworfen, weil ja auch die Westdeutschen längst das Grundgesetz zu schätzen gelernt hatten, ohne ihre ausdrückliche Zustimmung durch einen Volksentscheid.

Eine grundsätzliche Verfassungsdiskussion war nicht gewünscht und möglicherweise zu diesem Zeitpunkt schwer zu realisieren. Für die Bürger:innen der untergehenden DDR sollte es genügen, dass sie ihre Stimme an die Volkskammer gegeben hatten, so die einhellige Auffassung. Dass diese Menschen gerne selbst gefragt worden wären, ob sie das Grundgesetz als Verfassung gutheißen, wurde vom Tisch gefegt. Ein politischer Fehler, der sich noch heute zeigt – mit teilweise großer Skepsis gegenüber dem westdeutschen Regierungssystem in den östlichen Bundesländern.

Die Alternative war der einfache Beitritt zum Grundgesetz nach Artikel 23 Satz 2, wie es zuvor schon das Saarland gemacht hatte. Es genügte, dass die Mehrheit der Volkskammer ihre Zustimmung gab. So kam es, dass die DDR dem Grundgesetz über den Einigungsvertrag mit Unterschrift der beiden deutschen Staaten am 31. August 1990 beigetreten ist.

Grundgesetz für die Bundesrepublik Deutschland

Artikel 23 Satz 2, in der Fassung von 1949

Dieses Grundgesetz gilt zunächst im Gebiete der Länder Baden, Bayern, Bremen, Groß-Berlin, Hamburg, Hessen, Niedersachsen, Nordrhein-Westfalen, Rheinland-Pfalz, Schleswig-Holstein, Württemberg-Baden und Württemberg-Hohenzollern. In anderen Teilen Deutschlands ist es nach deren Beitritt in Kraft zu setzen.

Diese Regelung für den Beitritt wurde nach der Wiedervereinigung am 3. Oktober 1990 aus dem Grundgesetz gestrichen: Artikel 23 alter Fassung hatte sich erledigt.

WIE IST DAS GRUNDGESETZ ENTSTANDEN?

Darf ein Land, das als Unrechtsstaat anderen unfassbares Leid zugefügt hat, sich noch einmal neu erfinden? Deutschland durfte – genauer gesagt, die Landesteile im Westen, die von den Siegermächten USA, Großbritannien und Frankreich besetzt waren. Sie bekamen den ausdrücklichen Auftrag, eine neue und dieses Mal bessere Verfassung auszuarbeiten. Denn die Militärgouverneure wollten nicht ewig das fremde Land organisieren und regieren. Das sollten die Deutschen allmählich wieder selber machen, das waren schließlich vernünftige und kluge Leute. Sie mussten nur diejenigen finden, die nicht Hitler gefolgt waren oder für die Nazis gearbeitet haben, sondern solche, die sich einen demokratischen Geist bewahrt hatten.

Die elf westlichen Länderparlamente existierten bereits wieder und sollten entsprechend befähigte Menschen für diese Gesetzesarbeit bestimmen. Zur Eröffnungsfeier des parlamentarischen Rates am 1. September 1948 trafen sich seine frisch gewählten 65 Mitglieder mit geladenen Gästen in einem bizarren Ambiente voller ausgestopfter Tiere: In den zerbombten Städten mangelte es an geeigneten Versammlungsorten. Nur die Lichthalle vor der Säugetierabteilung des Zoologischen Museums Koenig in Bonn war für einen solchen Festakt groß genug.

Die Arbeit für ein Grundgesetz

Ein zentrales Problem gab es allerdings: Deutschland war ein geteiltes Land und niemand wollte Fakten schaffen, auf dass es für immer so bleiben würde. Der Plan war, nur für den Westteil eine Verfassung zu schreiben. Aus dem russisch besetzten Ostteil konnte niemand daran mitwirken. Deshalb sollte alles möglichst provisorisch bleiben.

Mit großer Vorsicht wurden alternative Bezeichnungen gewählt: Anstelle von *›verfassunggebende Versammlung‹*, wie von den Militärgouverneuren vorgeschlagen, wurde die Bezeichnung *›Parlamentarischer Rat‹* genommen. Das Werk, das die klugen Köpfe in neun Monaten erarbeiteten, nannten sie *›Grundgesetz‹* und nicht Verfassung. Niemand konnte damals ahnen, dass die Teilung mehr als vier Jahrzehnte dauern würde. Eine Präambel, die dem Grundgesetz wie jeder Verfassung vorangestellt wurde, sagte ausdrücklich, das deutsche Volk habe ***»dem staatlichen Leben für eine Übergangszeit eine neue Ordnung«*** gegeben und dabei auch ***»für jene Deutschen gehandelt, denen mitzuwirken versagt war«***.

Der Parlamentarische Rat

Die Arbeit am neuen Grundgesetz musste nicht am Punkt Null beginnen. Eine Vorlage boten frühere Verfassungen, wie die von 1849, die in einem revolutionären Akt entstanden und bald wieder vom Kaiser verworfen worden war, und genauso die Weimarer Reichsverfassung von 1919. Sie wird oft kritisiert, weil der Reichstag durch zahlreiche Kleinstparteien handlungsunfähig war, der Reichspräsident zu viel Macht hatte und es auch noch keine garantierten Grundrechte in der Verfassung gab.

Aus Fehlern lernt man, ein schöner Spruch: Es galt, die alten Verfassungsideen auf Schwächen abzuklopfen und einen möglichst allumfassenden neuen Text zu erstellen. Im August 1948 hatten bei einem Verfassungskonvent auf der Insel Herrenchiemsee 33 Fachleute bereits einen Entwurf für ein Grundgesetz erarbeitet, der im Parlamentarischen Rat in monatelanger Detailarbeit weiter diskutiert wurde.

Der Parlamentarische Rat hatte 65 stimmberechtigte Mitglieder: Rechtsgelehrte, Politiker:innen sowie Verwaltungsfachleute. Vier Mitglieder waren Frauen. Zusätzlich durften fünf Abgeordnete aus den Westsektoren Berlins an den Beratungen teilnehmen; wegen des besonderen Status der von allen vier Alliierten besetzten Stadt hatten sie allerdings kein Stimmrecht.

Präsident des Parlamentarischen Rates war der frühere Kölner Oberbürgermeister Konrad Adenauer (CDU). Er wurde 1949 zum ersten Bundeskanzler der Bundesrepublik Deutschland gewählt. Auch der spätere Bundespräsident Theodor Heuss (FDP) gehörte dem Gremium an. Eine weitere wichtige Figur war Carlo Schmid (SPD), ein liberaler Vordenker, der sich für eine starke Position der Grundrechte eingesetzt hat.

Die Väter und Mütter des Grundgesetzes

Die Erfahrungen der Weimarer Republik und des Nationalsozialismus hatten alle noch vor Augen. Die Mitglieder des Parlamentarischen Rates wollten deshalb alles dafür tun, eine freiheitliche demokratische Grundordnung zu schaffen, in der Freiheit, Gleichheit und Toleranz auf Dauer garantiert sein würden. Manche der Beteiligten brachten Ideen für die Demokratisierung mit, die sie sich schon während des Krieges für das mögliche Danach überlegt hatten.

Andere hatten an den neuen Landesverfassungen mitgearbeitet, wie die Kasseler Rechtsanwältin Elisabeth Selbert (SPD) für das Land Hessen. Zusammen mit der SPD-Politikerin Friederike Nadig setzte sie gegen erheblichen Widerstand durch, dass in Artikel 3 des Grundgesetzes steht: ***»Männer und Frauen sind gleichberechtigt.«***

Die Ratsmitglieder kamen aus verschiedenen Parteien und brachten unterschiedliche politische Haltungen mit. Dementsprechend gab es viele Diskussionen. Umstritten waren insbesondere die Machtverteilung zwischen Bund und Ländern sowie die Finanzordnung. Oft wurde um einzelne Formulierungen gerungen. Jedes Wort lag auf der Goldwaage. Die Grundordnung sollte eindeutig sein, breite Zustimmung finden und noch lange Zeit gelten können.

Das Grundgesetz ist fertig

Am Ende der neunmonatigen Beratungen stand ein Text mit 146 Artikeln. Er formulierte in klaren Worten die Grundrechte wie auch die staatliche Grundstruktur: ***»Die Bundesrepublik Deutschland ist ein demokratischer und sozialer Bundesstaat***« heißt es in Artikel 20. Und: ***»Alle Staatsgewalt geht vom Volke aus.«***

Das Wichtigste war nun geregelt: Die Grundrechte, die die Freiheits- und Abwehrrechte der Bevölkerung festlegen, dazu die Organisation des Staates: Bundesregierung, Bundespräsident, Bundestag und Bundesrat, das System der Ministerien und Behörden, die das Land verwalten, sowie Gerichte für alle rechtlichen Streitfälle. Außerdem die Aufteilung in Bundesländer mit eigenen Landesregierungen und -parlamenten. Ebenso enthalten: Regelungen für die Wiedervereinigung. Denn alle hofften, dass das geteilte Deutschland schon bald wieder vereint sein würde.

Grundgesetz für die Bundesrepublik Deutschland

Artikel 20

(1) Die Bundesrepublik Deutschland ist ein demokratischer und sozialer Bundesstaat.
(2) Alle Staatsgewalt geht vom Volke aus. Sie wird vom Volke in Wahlen und Abstimmungen und durch besondere Organe der Gesetzgebung, der vollziehenden Gewalt und der Rechtsprechung ausgeübt.
(3) Die Gesetzgebung ist an die verfassungsmäßige Ordnung, die vollziehende Gewalt und die Rechtsprechung sind an Gesetz und Recht gebunden.

Am 8. Mai 1949 beschloss der Parlamentarische Rat das Grundgesetz mit 53 gegen 12 Stimmen. Die Militärgouverneure der britischen, französischen und amerikanischen Besatzungszonen genehmigten es am 12. Mai 1949. Anstelle des Referendums folgten im selben Monat Abstimmungen in den westdeutschen Länderparlamenten. Bayern sprach sich als einziges Bundesland gegen das Grundgesetz aus, aber da eine Zweidrittelmehrheit zur Annahme des Grundgesetzes erreicht war, trat es auch hier in Kraft.

Gründung der Bundesrepublik Deutschland

Am 23. Mai 1949 versammelte sich der Parlamentarische Rat zu einer feierlichen Schlusssitzung in der Aula der Pädagogischen Akademie in Bonn. Alle Ministerpräsidenten, Vertreter der Militärregierungen und andere Würdenträger, Männer wie Frauen, waren dabei, als Ratspräsident Konrad Adenauer das Grundgesetz verkündete. Dies gilt als die ›*Geburtsstunde*‹ der Bundesrepublik Deutschland.

Die Urschrift des Grundgesetzes lagert übrigens in einem Panzerschrank des Bundestages. Es ist auf wertvollem Büttenpapier gedruckt und in Pergament gebunden. Auf dem Original befinden sich die Fingerabdrücke der Mütter und Väter des Grundgesetzes und sogar Tintenflecke, die beim feierlichen Unterschreiben hineinkamen.

Vorbild für Verfassungen weltweit

Wenn Staaten eine Verfassung neu erarbeiten, schauen sie sich um: Wer hat eine gute Lösung gefunden? Als nach 1989 die ehemaligen sozialistischen Staaten Polen, Tschechien und Ungarn neue Verfassungen brauchten, orientierten sie sich am Grundgesetz. Sie kopierten den Text zwar nicht 1:1, sondern übernahmen wichtige Elemente: Demokratie, Rechtsstaat, Gewaltenteilung sowie den Schutz der Menschenwürde und der Grundrechte. Zum Ende der Apartheid 1997 gab sich Südafrika eine neue Verfassung und übernahm das Prinzip des Bundesstaates. Schon in den 1970er Jahren hatte das Grundgesetz Ländern wie Spanien, Portugal und Griechenland als Vorbild gedient. Der gute Ruf des Grundgesetzes reicht bis nach Südamerika und Asien und beeinflusste auch dort die Entstehung moderner Verfassungen.

WIE ZEITGEMÄẞ IST DAS GRUNDGESETZ?

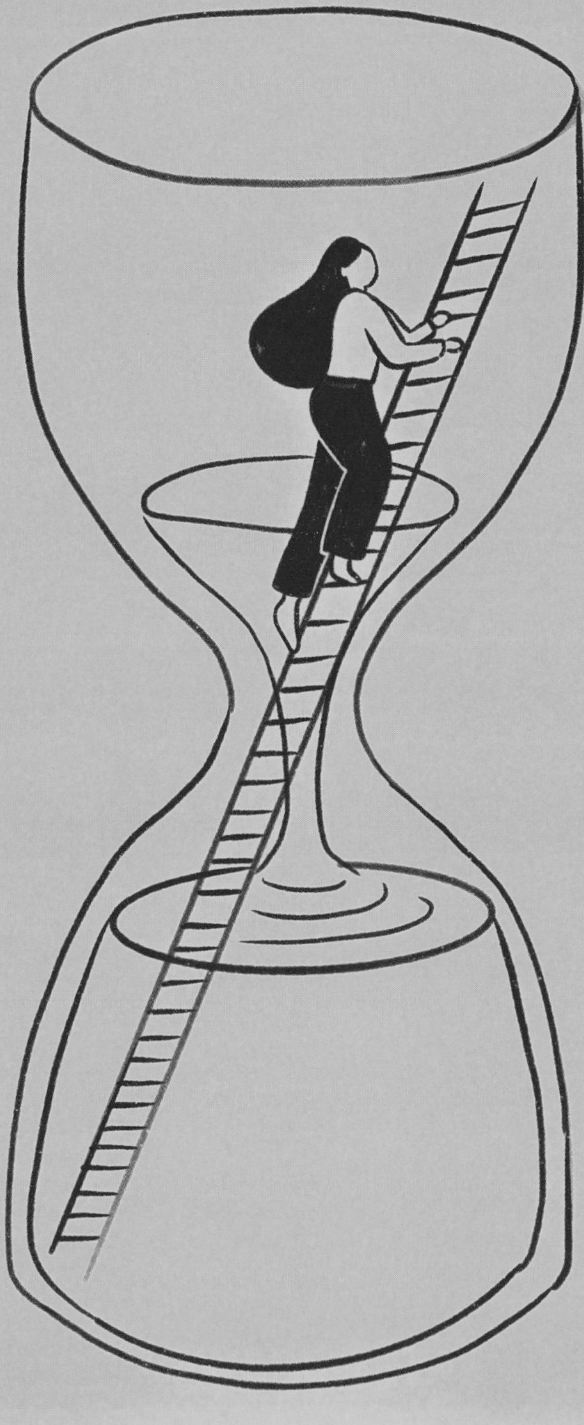

Im Jahr 2024 wird das Grundgesetz 75 Jahre alt. Es ist nicht mehr dasselbe wie zu seiner Verkündung 1949. Unsere Verfassung ist flexibel. Die Gründermütter und -väter waren so klug, von Anfang an zuzulassen, dass das Grundgesetz neue, grundsätzliche Leitlinien aufnimmt, wenn dies als notwendig erachtet wird. Denn die Gesellschaft verändert sich, mitsamt unseren Wert- und Moralvorstellungen und das fortlaufend. Wir leben nicht mehr wie im 20. Jahrhundert. Wir stehen heute vor anderen Problemen als in den 1940er und 50er Jahren. Die politische Weltordnung ist in Bewegung, die Technologie entwickelt sich rasant weiter, genauso wie wir endlich auf das Ausmaß des Klimawandels und den maßlosen Verbrauch der Ressourcen reagieren müssen.

Halt Stopp! Ändern verboten!

Doch es gibt auch feststehende Artikel im Grundgesetz, die unveränderbar sind und für alle Zeiten gelten sollen. Denn die *›Ewigkeitsklausel‹* in Artikel 79 Absatz 3 Grundgesetz legt fest: Die Achtung der Menschenwürde in Artikel 1, die Grundwerte von Freiheit und Demokratie, wie auch die Staatsorganisation mit Bund und Ländern in Artikel 20 sind unveränderbar. Damit soll verhindert werden, dass wieder eine Diktatur einzieht. Eine Machtübernahme wie durch Hitlers NSDAP 1933 darf es nicht wieder geben. Die Verfassung schützt sich selbst, um die Demokratie zu schützen.

Grundgesetz für die Bundesrepublik Deutschland

Artikel 79

(1) Das Grundgesetz kann nur durch ein Gesetz geändert werden, das den Wortlaut des Grundgesetzes ausdrücklich ändert oder ergänzt …

(2) Ein solches Gesetz bedarf der Zustimmung von zwei Dritteln der Mitglieder des Bundestages und zwei Dritteln der Stimmen des Bundesrates.

(3) Eine Änderung dieses Grundgesetzes, durch welche die Gliederung des Bundes in Länder, die grundsätzliche Mitwirkung der Länder bei der Gesetzgebung oder die in den Artikeln 1 und 20 niedergelegten Grundsätze berührt werden, ist unzulässig.

Nichts bleibt, wie es ist

Viel ist am Grundgesetz herumgeschraubt worden. Jeder zweite Artikel wurde schon geändert. Bisher sind 66 Änderungsgesetze ergangen, gezählt bis Ende 2022; weitere werden folgen. Die Ergänzungen sind oft wesentlich umfangreicher als die sehr einfachen, gut verständlichen Formulierungen der Erstfassung. Es ist alles komplizierter geworden, nicht nur die gesellschaftlichen und politischen Verhältnisse, auch die Sprache im Grundgesetz.

Mal eben die Verfassung ändern? Nicht so einfach. Die Hürden sind sehr hoch: Erforderlich ist eine Zweidrittelmehrheit im Bundestag. Zwei Drittel des Bundesrates müssen ebenfalls zustimmen. Bis diese Mehrheiten zustande kommen, braucht es viele Verhandlungen, denn die Parteien haben recht unterschiedliche Ideen, um politische beziehungsweise gesellschaftliche Probleme zu lösen. Und die Länder, deren Stimme über den Bundesrat gefragt ist, haben oft andere Vorstellungen als der Bund.

Immer geht eine intensive Diskussion voraus. Sie dauert Monate, wenn nicht Jahre, und wird öffentlich geführt. Über die Medien, in Zeitungen, Radio und Fernsehen oder online, in den sozialen Medien, in Chatforen aller Art, geschützt von der Meinungs- und Pressefreiheit in Artikel 5. Manches Mal gibt es lautstarken Protest auf der Straße, mit wenigen Hundert Menschen oder auch Hunderttausenden, die ihr grundrechtlich geschütztes Demonstrationsrecht nach Artikel 8 nutzen. All das gehört zur Demokratie und macht sie stark und wehrhaft.

Wichtige Änderungen in 75 Jahren Grundgesetz

Eine der ersten großen Grundrechtsänderungen war 1956 die Wiedereinführung der Bundeswehr – übrigens gegen lautstarken und heftigen Protest aus der Bevölkerung. 1968 kam die Notstandsgesetzgebung, die weltpolitische Lage hatte dies erforderlich gemacht.

1994 folgte die umstrittene Erweiterung des Asylrechts. In Artikel 16 Absatz 2 stand bis dahin der einfache, von den Fluchterfahrungen des Holocaust geprägte Satz: ***»Politisch Verfolgte genießen***

Asylrecht«. Er wanderte in den neu geschaffenen Artikel 16a, der deutlich mehr Worte im komplizierten Juristendeutsch braucht, um klarzumachen, wer unter welchen Bedingungen Asyl erhält und wer nicht. Oft wird kritisiert, das alles hätte auch in einem normalen Gesetz untergebracht werden können.

Ebenfalls 1994 wurde Artikel 3 Absatz 2 Grundgesetz um diesen wichtigen Satz ergänzt: ***»Der Staat fördert die tatsächliche Durchsetzung der Gleichberechtigung von Frauen und Männern und wirkt auf die Beseitigung bestehender Nachteile hin.«*** 45 Jahre nachdem die Gleichberechtigung ins Grundgesetz geschrieben worden war, bestand immer noch großer Nachholbedarf. Mit dem Zusatz wurde dem Staat auferlegt, sich aktiv für die Gleichstellung von Frauen und Männern einzusetzen. Viel ist auf Gesetzesebene seither unternommen worden, auch die EU weist immer wieder darauf hin, dass Deutschland mehr tun müsse. Im Jahr 2022 sind wir immer noch nicht am Ziel. Wir haben zwar die Gleichberechtigung auf dem Papier, aber im wirklichen Leben fehlt es oft noch an Gleichstellung.

Politisch mitmischen

Das Grundgesetz ist nicht in Stein gemeißelt. Es ist möglich, darauf einzuwirken, auch für junge Bürger:innen dieses Landes. Mit dem 18. Geburtstag beginnt ganz offiziell die Möglichkeit der politischen Teilhabe in Form des Wahlrechts. Wer bei der Bundestagswahl in der Wahlkabine des Wahllokals auf dem Wahlzettel ein Kreuzchen bei Erst- und Zweitstimme macht, überträgt die eigene Stimme den Abgeordneten. Die gestalten für uns die Politik – und manchmal auch Änderungen am Grundgesetz.

Wer mag, kann selbst *›in die Politik gehen‹*: Als Mitglied einer Partei mitdiskutieren, vorzugsweise in deren Jugendverband. Das geht oft schon ab 14 Jahren. Die nächsten Schritte sind dann einen Posten zu übernehmen, irgendwann für eine Kandidatur aufgestellt und schließlich in ein Parlament der Gemeinde, des Kreises, des Landes oder dann in den Bundestag gewählt zu werden und hier an der Entstehung von Gesetzen mitzuwirken. Artikel 38 Absatz 2 Grundgesetz erklärt, dass das ab Erreichen der Volljährigkeit geht. Die jüngste, jemals in den Bundestag gewählte Abgeordnete war im Jahr 2004 Anna Lührmann (Grüne) aus Hessen. Sie war 19 Jahre alt und hatte gerade Abitur gemacht.

Weniger aufwendig ist es, eine Petition zu starten. Da gibt es keine Altersgrenze. Auch das Petitionsrecht gehört zu den Grundrechten, die im Grundgesetz stehen:

Grundgesetz für die Bundesrepublik Deutschland

Artikel 17

Jedermann hat das Recht, sich einzeln oder in Gemeinschaft mit anderen schriftlich mit Bitten oder Beschwerden an die zuständigen Stellen und an die Volksvertretung zu wenden.

Mit einer Petition können Forderungen und Beschwerden an Behörden oder an die Parlamente, ein anderes Wort für *›Volksvertretung‹*, herangetragen werden. Soweit es um Ideen für Grundrechtsänderungen geht, ist der Petitionsausschuss des Bundestages dafür zuständig. Er betreibt ein Onlineportal mit sämtlichen Informationen. Je mehr Menschen eine Petition öffentlich unterstützen, desto mehr Aufmerksamkeit erhält sie und die Politik erkennt den Handlungsbedarf. Neben den Petitionen gibt es noch das Bürgerbegehren und Volksentscheid. Alles hat eigene Regeln.

Dabei sein, wenn Politik gemacht wird

Berlin als Bundeshauptstadt und Sitz von Bundestag, Bundesrat und Bundesregierung mag Hunderte Kilometer weit weg sein. Aufgrund intensiver Politikberichterstattung in sämtlichen Nachrichtenmedien ist es dennoch möglich, politische Entscheidungen zeitnah zu verfolgen. Politische Talkshows im Fernsehen wirken manchmal wie ein Schlagabtausch nur zu Showzwecken. Tatsächlich sind sie geeignet, einige der Meinungsführer:innen und Vordenker:innen wie auch Politiker:innen aller Parteien zu erleben. Ihre Argumente werden so viel anschaulicher.

Die Debatten im Bundestag sind öffentlich und können – nach Anmeldung – von der Zuschauertribüne aus beobachtet werden. Sehr wichtige Debatten überträgt das Fernsehen. Wer zu diesem Zeitpunkt nicht gerade im Unterricht sitzt oder arbeitet, kann von zu Hause aus oder über Laptop und Smartphone Politik live verfolgen.

Ganz Interessierte können ein Praktikum machen oder zumindest mal am Girls' Day und Boys' Day Parlamentsluft schnuppern. Vielleicht wird im Bundestag gerade dann über eine Grundrechtsänderung debattiert.

Widerstand zur Verteidigung des Grundgesetzes

Das Grundgesetz sind Worte auf Papier. Inzwischen stehen sie auch im Internet. Es sind eben nur Worte, Absichtserklärungen, Wertvorstellungen. Lassen sich diese Formulierungen vielleicht einfach löschen, das Papier zerreißen, das Grundgesetz für null und nichtig erklären? Ja, das geht, wenn es einen Regimewechsel gibt und unsere Staatsform, die Demokratie als Ganzes, aufgelöst wird: wenn Deutschland als Staat untergeht.

Vorher sind wir alle, als Bürger:innen der Bundesrepublik Deutschland, aufgerufen, Widerstand zu leisten und unsere Staatsform und unsere Grundrechte zu verteidigen. Das steht genauso im Grundgesetz.

Grundgesetz für die Bundesrepublik Deutschland
Artikel 20 Absatz 4
Gegen jeden, der es unternimmt, diese Ordnung zu beseitigen, haben alle Deutschen das Recht zum Widerstand, wenn andere Abhilfe nicht möglich ist.

Artikel 20 Absatz 4 des Grundgesetzes formuliert ein Widerstandsrecht und fordert *›alle Deutschen‹* auf, falls nötig, in Aktion zu treten. Mit *›Ordnung‹* ist die parlamentarische Demokratie gemeint, der soziale und föderale Rechtsstaat, also alles, was in Artikel 20 Absatz 1 bis 3 genannt wird.

Der Absatz 4 kam mit der Notstandsgesetzgebung 1968 ins Grundgesetz. Der unveränderliche Artikel 20 hat so einen Zusatz erhalten. Er ist für den absoluten Notfall gedacht, wenn zum Beispiel demokratische Wahlen abgeschafft werden, wenn die staatlichen Institutionen nicht mehr in der Lage sein sollten, Demokratie und Freiheit zu schützen. Es geht also um den Staat als Ganzes. Dieses Widerstandsrecht rechtfertigt keine sonstigen Formen zivilen Ungehorsams, wenn zum Beispiel ein Transport von Nuklearmaterial blockiert oder eine Abschiebung von Menschen ohne politisches Asyl verhindert oder gar erzwungen werden soll.

Für Kritik an einzelnen staatlichen Handlungen gibt es die politische Debatte und notfalls den Rechtsweg, also Klagen vor den Gerichten über alle Instanzen. Deshalb steht da auch: ***»… wenn andere Abhilfe nicht möglich ist«.*** Das ist erst dann der Fall, wenn Demokratie und Rechtsstaat nicht mehr funktionieren.

WIESO GIBT ES GRUNDRECHTE UND MENSCHENRECHTE?

Das Grundgesetz gilt für Deutschland. Für die ganze Welt gilt die Allgemeine Erklärung der Menschenrechte und die sogenannten Konventionen über einzelne Menschenrechte der Vereinten Nationen, zum Beispiel gegen Rassismus, für Frauenrechte und auch für Kinderrechte. Für Europa gilt die Europäische Menschenrechtskonvention und in der EU die Grundrechtecharta. Ganz schön viele Regelungen für das Zusammenleben der Menschen. Das alles wirkt nebeneinander und gleichzeitig. Gibt es auch eine Hierarchie? Welches Recht ist stärker, ist die Frage. Übertrumpft irgendeine Regel das deutsche Grundgesetz?

Die Allgemeine Erklärung der Menschenrechte

1948 haben die Vereinten Nationen die Allgemeine Erklärung der Menschenrechte verabschiedet. Nach dem Zweiten Weltkrieg, den Nazideutschland ausgelöst hat, sollte mit der Gründung der *›United Nations Organisation‹* ein Neuanfang möglich sein. Nach dem gescheiterten Völkerbund (1919 – 1946) war dies ein neuer Versuch einer weltumspannenden Völkergemeinschaft. Der UNO, auch abgekürzt UN, traten zunächst 59 Staaten bei, heute sind es 153. Wenn alle Staaten zusammenkommen, so war die Idee dahinter, führen sie keine Kriege mehr gegeneinander. Kriege gibt es trotzdem, immer wieder. Die Völkergemeinschaft darf den Mitgliedstaaten nämlich keine Vorschriften machen oder gar mitregieren. Die UN ist nur *›das Gewissen der Welt‹*.

Mit der Formulierung der Menschenrechte ist dennoch Großes vollbracht worden. Dies war eine Konsequenz aus dem Holocaust: Unter Hitler waren die Rechte von Menschen mit Füßen getreten worden. Er hatte die Ermordung von sechs Millionen Juden staatlich organisieren lassen, mit Gesetzen, Verordnungen und Befehlen. Ein verbrecherischer Staat und ein Volk, das mitgemacht hat. Nur wenige haben sich dem Machtapparat entgegengestellt. Die Welt schaute mit Entsetzen auf die Gräueltaten, die Menschen Menschen angetan hatten. Hinzu kamen die Erfahrungen mit dem Kolonialismus in den Ländern des *›globalen Südens‹*: dort herrschten oft grausame Zustände der Ausbeutung, von der Sklaverei über die Apartheid bis zu heutigen Abhängigkeiten der *›Dritten Welt‹*. Auch darauf reagiert der Versuch, wenigstens die grundlegenden Rechte für alle Menschen zu sichern.

Freiheit als Garantie für den Frieden in der Welt

Noch während des Naziterrors in Europa entwickelte der US-amerikanische Präsident Franklin D. Roosevelt die Theorie, dass einzig die Freiheit dauerhaft Frieden garantiere. Diese Freiheit hatte für ihn vier Säulen: Freiheit der Meinungsäußerung, Freiheit des Glaubens, Freiheit von Furcht und auch die Freiheit von Not. Mit *›Furcht‹* meinte er die Bedrohung durch Krieg und mit *›Not‹* die wirtschaftliche Existenz. Auf diesen Säulen baut die Erklärung der Menschenrechte auf. Sie sind aber keine US-Erfindung, sondern wurden schon lange in der Philosophie vorgedacht.

Vorsitzende der 1946 eingesetzten UNO-Menschenrechtskonvention war Eleanor Roosevelt, Witwe des 1945 verstorbenen US-Präsidenten. Männer und Frauen aus 18 verschiedenen Ländern und allen Kontinenten diskutierten und stritten zwei Jahre lang über die wesentlichen Fragen: Was braucht der Mensch, um in Würde zu leben? Wie kann er sich vor staatlicher Willkür schützen? Was müssen Staaten garantieren, damit die Menschen zu ihrem Recht kommen?

Am 10. Dezember 1948 wurde die Allgemeine Erklärung der Menschenrechte verkündet. Die Abstimmung bei der UNO-Vollversammlung in Paris erfolgte ohne Gegenstimmen, bei acht Enthaltungen.

Jeder Mensch hat das gleiche Recht auf Leben, Freiheit und Sicherheit, so der Grundtenor der 30 Artikel. Die Staaten haben für die Umsetzung zu sorgen, auch für Arbeit und Bildung. Es ist eine rechtlich nicht bindende Resolution, der später weitere Pakte und Konventionen folgten, um das Zusammenleben der Menschheit noch genauer zu regeln.

Die demokratischen Staaten haben die Menschenrechte meistens als Grundrechte in ihre Verfassungen aufgenommen. So hat es 1949 auch die Bundesrepublik Deutschland gemacht. Mit dem Grundgesetz wurde ein demokratischer Rechtsstaat errichtet, in dem es möglich ist, die eigenen Rechte einzuklagen. Der Klageweg kann bis zum höchsten deutschen Gericht führen, bis vor das Bundesverfassungsgericht. Daneben gibt es die Möglichkeit, sich an den Europäischen Gerichtshof für Menschenrechte zu wenden.

Die Menschenrechte in Europa

Wenn es die Erklärung der Allgemeinen Menschenrechte schon gibt, wozu muss dann Europa eigene Rechte verkünden? Das liegt daran, dass die Menschenrechte der UNO nur eine Absichtserklärung und damit rechtlich nicht verbindlich sind. Es musste erst noch einklagbares Recht geschaffen werden, unmittelbar für Europa. Das passierte relativ schnell. Im Mai 1949 entstand der Europarat; schon 1950 verabschiedete er die *›Konvention zum Schutze der Menschenrechte und Grundfreiheiten‹*. Sie trat 1953 mit ihrer Unterzeichnung in Rom in Kraft. Diese *›Europäische Menschenrechtskonvention‹* ist ein völkerrechtlicher Vertrag, durch den sich die Mitgliedstaaten des Europarats verpflichten, ihren Bürger:innen grundlegende zivile und politische Rechte zuzusichern.

Die Europäische Konvention macht es möglich, Menschenrechte einzuklagen. Dieser Rechtsschutz erfolgt durch den *›Europäischen Gerichtshof für Menschenrechte‹* in Straßburg. Es ist das meistbeschäftigte Gericht Europas, obwohl es erst dann zuständig ist, wenn es im eigenen Land nicht mehr möglich ist, Recht zu bekommen.

Die Konvention definiert auch die Menschenrechte wesentlich genauer. Im Laufe der Jahre sind bisher 14 demokratisch verfasste Zusatzprotokolle der Menschenrechtskonvention hinzugekommen. Denn das Recht muss darauf reagieren, dass sich die Lebensumstände der Menschen und ihre Ansprüche an ihre Grundfreiheiten verändern. Der Europäische Gerichtshof für Menschenrechte spielt mit seiner Rechtsprechung zu konkreten Fällen eine besondere Rolle in der Weiterentwicklung des Rechts. Er betrachtet die Menschenrechte nicht historisch, sondern durchdenkt, wie der Grundrechtsschutz unter den aktuellen sozialen und wirtschaftlichen Bedingungen am besten gewährleistet werden kann, quasi als *›living tree‹*, der weiterwächst. Oft legt er die betroffenen Menschenrechte weiter aus, als es das Recht des jeweiligen Landes zulassen würde, also auch weiter als das Grundgesetz. Auf diese Weise haben wir in Europa einen ziemlich umfassenden und einheitlichen Schutz der Menschenrechte. Er ist gefährdet, wenn demokratische Staaten in autoritäre Regime kippen und aus dem Straßburger System *›aussteigen‹*.

Forderung: Kinderrechte ins Grundgesetz!

Kinderrechte im Grundgesetz? Pech gehabt! Rechte von Jugendlichen? Fehlanzeige! Es gibt einen langen und zähen Kampf darum. Immer heißt es: ***»Nicht die Kinder auch noch. Wir brauchen eine schlanke Verfassung und wollen keine Grundrechtsänderung.«*** Überzeugender ist die Antwort: ***»Die Grundrechte gelten auch für Kinder und Jugendliche. Man muss prüfen, ob nicht doch etwas fehlt.«*** Die UN hat immerhin bereits am 20. November 1989 die Kinderrechtskonvention beschlossen, sie gilt seit 1992 auch in Deutschland. Die UN hat also ganz genau erkannt, dass Kinder einen eigenen Schutz ihrer Rechte benötigen. Als Kind wird darin übrigens jeder Mensch bezeichnet, ***»der das 18. Lebensjahr noch nicht vollendet hat«.*** Wenn also hier von ›*Kinder*‹-Rechten die Rede ist, sollten sich Jugendliche dennoch angesprochen fühlen.

Seit über 30 Jahren geht nun schon der Streit um Kinderrechte ins Grundgesetz. Wer in den 1990er Jahren Kind war, ist heute schon wieder alt genug, sich für die Rechte der eigenen Kinder starkzumachen. Kritisiert wird, dass Kinder und Jugendliche bei vielen Entscheidungen von Politik, Verwaltung und Rechtsprechung zu wenig berücksichtigt werden. Ein starker Grundrechtsschutz würde helfen: genau das, was die UNICEF, die Kinderrechtsorganisation der UN, fordert.

Es geht zum Beispiel darum, dass beim Städtebau Kitas und Schulen vergessen werden oder für die Sicherheit des Schulwegs nicht genug getan wird. Kinder müssen vor gewalttätigen Eltern geschützt werden und vor sexualisierten Übergriffen und Belästigungen von Vertrauenspersonen wie Trainer:innen, Pfarrer:innen usw.

Kinder und Jugendliche sollen das Recht auf eine eigene Meinung haben und sie sollen das Recht haben, gehört zu werden. In der Corona-Pandemie wurden ihre Bedürfnisse oft nicht richtig gesehen.

Wer Kinderrechte fordert, muss sich Gedanken über Elternrechte machen. Welche rechtliche Position sollen sie gegenüber dem Staat, und welche gegenüber den Kindern haben? Laut UN-Kinderrechtskonvention und nach Artikel 6 Absatz 2 Grundgesetz tragen Mütter und Väter weiterhin Verantwortung für ihre Kinder. Das soll auch so bleiben.

Die Eckpunkte der Forderungen:

- Der Vorrang des Kindeswohls bei allen Kinder betreffenden Entscheidungen
- Das Recht des Kindes auf Anerkennung als eigenständige Persönlichkeit
- Das Recht des Kindes auf körperliche und geistige Entwicklung inklusive kindgerechter Lebensbedingungen
- Das Recht des Kindes auf Achtung, Schutz und Förderung seiner Rechte
- Das Recht des Kindes auf Beteiligung, insbesondere die Berücksichtigung seiner Meinung entsprechend Alter und Reifegrad.

Die seit November 2021 regierenden Parteien haben laut Koalitionsvertrag fest vor, die Kinderrechte im Grundgesetz zu verankern. Für die Grundrechtsänderung brauchen sie eine Zweidrittelmehrheit im Bundestag und im Bundesrat. Das Bundesfamilienministerium betont auf seiner Website, dass die Stärkung der Interessen der Kinder zugleich auch Eltern und Familien stärkt. Eines von vielen guten Argumenten.

WER SCHÜTZT DAS GRUNDGESETZ?

Das Grundgesetz funktioniert auch deshalb so gut, weil es eine Institution gibt, die darauf aufpasst. Das ist das Bundesverfassungsgericht. Es wacht darüber, dass Parlamente, Regierungen, Gerichte und die Verwaltung das Grundgesetz, also die Verfassung, einhalten. Seine Aufgabe ist es, Menschenwürde, Freiheit und Gleichheit in der Demokratie und dem Rechtsstaat in Deutschland zu schützen. Das Bundesverfassungsgericht ist das höchste deutsche Gericht und sitzt in Karlsruhe.

Alle, die denken, die Verfassung werde *›verletzt‹*, können sich an das Bundesverfassungsgericht wenden. Es ist ein *›Bürgergericht‹*. Jede Bürgerin, jeder Bürger kann *›Verfassungsbeschwerde‹* erheben. Auch Minderjährige können sich beim Gericht schriftlich *›beschweren‹*, wenn sie sich in ihren Grundrechten verletzt fühlen. Das Recht auf eine Verfassungsbeschwerde steht sogar Menschen zu, die keine deutsche Staatsangehörigkeit haben.

Daneben gibt es weitere Verfahren: Gerichte können eine Normenkontrolle beantragen, wenn sie meinen, ein Gesetz verstoße gegen die Verfassung, und sie das Gesetz deshalb nicht anwenden wollen. Das Bundesverfassungsgericht soll dann überprüfen, ob diese Regelungen verfassungswidrig sind, denn so behaupten es diejenigen, die den Antrag stellen.

Verhandelt werden auch sogenannte Organstreitverfahren, wenn sich z. B. Institutionen wie der Bundestag mit der Bundesregierung über Verfassungsfragen streiten. Zuständig ist das Bundesverfassungsgericht ebenfalls bei Bund-Länder-Streitigkeiten, Parteiverbotsverfahren oder Wahlbeschwerden.

Das Bundesverfassungsgericht entstand 1951, zwei Jahre nach dem Inkrafttreten des Grundgesetzes. Zunächst musste ein eigenes Gesetz dazu verabschiedet werden, das Bundesverfassungsgerichtsgesetz. Der Parlamentarische Rat hatte ein starkes Verfassungsgericht gefordert, stärker als der Staatsgerichtshof für das Deutsche Reich, das Verfassungsgericht der Weimarer Republik. Der Staatsgerichtshof hatte zu wenige Kompetenzen, so durfte er zum Beispiel nicht Gesetze auf ihre Anpassung an die Verfassung überprüfen. Mit der Machtergreifung Hitlers hatte er seine Arbeit sofort, also im Februar 1933, eingestellt. Niemand durfte dem *›Führer‹* widersprechen, auch die Justiz nicht.

In der jungen Bundesrepublik musste sich das neue Bundesverfassungsgericht allerdings zunächst Anerkennung erarbeiten. Denn was genau das Gericht machen sollte, hatte der Parlamentarische Rat offengelassen. Heute ist die Aufgabenstellung glasklar: Das Bundesverfassungsgericht entscheidet ausschließlich über verfassungsrechtliche Fragen. Die Verfahren sind im Grundgesetz festgelegt. Das Gericht legt das Grundgesetz aus, das heißt, es prüft, diskutiert und wägt ab, ob sich aus der Verfassung Antworten auf Fragen finden lassen, die Bürger:innen oder Gerichte oder Staatsorgane an es herantragen. Für alle anderen Rechtsprobleme sind die Zivil-, Straf- und Verwaltungsgerichte zuständig. Deshalb muss auch zuerst alles versucht worden sein, auf diesem Weg Recht zu bekommen. Wird dann immer noch ein Verfassungsverstoß vermutet, kann das Bundesverfassungsgericht überprüfen, ob die Grundrechte oder andere Verfassungsvorgaben verletzt werden.

»Hüter der Verfassung«

Das Bundesverfassungsgericht ist unabhängig. Als Verfassungsorgan steht es über der Regierung, kein Ministerium kann es kontrollieren. ***»Wer bewacht die Wächter?«*** ist deshalb eine wichtige Frage. Das Gericht kann schließlich Gesetze aushebeln, die vom gewählten Parlament verabschiedet wurden.

So viel Macht für wenige Menschen ist eigentlich ein Risiko für die Demokratie. Denn die Entscheidung dieses Gerichts ist unanfechtbar, also endgültig. Alle Staatsorgane sind an diese Rechtsprechung gebunden. Manchmal wird kritisiert, das Bundesverfassungsgericht mache selbst Politik. Dazu erklärt das Gericht auf seiner Website www.bundesverfassungsgericht.de:

> ***»Das Gericht ist aber kein politisches Organ. Sein Maßstab ist allein das Grundgesetz. Fragen der politischen Zweckmäßigkeit dürfen für das Gericht keine Rolle spielen. Es bestimmt nur den verfassungsrechtlichen Rahmen, innerhalb dessen sich die Politik entfalten kann. Die Begrenzung staatlicher Macht ist ein Kennzeichen des modernen demokratischen Verfassungsstaates.«***

Das Bundesverfassungsgericht hat zwei Senate mit jeweils acht Verfassungsrichter:innen. Mindestens sechs müssen schon vorher Richter an den obersten deutschen Gerichten gewesen sein. Viele kommen aus der Rechtswissenschaft und haben einen Lehrstuhl an einer Universität. Andere waren als Anwalt oder Anwältin tätig oder trugen Verantwortung in einer Regierung. Auffällig viele tragen den Titel ›*Prof. Dr.*‹, sie haben promoviert und sind habilitiert. Es sind alles erfahrene Jurist:innen, sie müssen mindestens 40 Jahre alt sein. Sie werden von den Parteien im Bundestag und von den Regierungen in den Bundesländern vorgeschlagen. In das Richteramt werden sie durch Wahl berufen: Der Bundestag wählt die eine Hälfte der Richter:innen, die andere Hälfte wählt der Bundesrat, und das jeweils mit Zweidrittelmehrheit. Die Amtszeit beträgt zwölf Jahre, es gibt keine Verlängerung und keine Wiederwahl. Mit 68 Jahren ist Schluss. In Deutschland ist es kein Amt auf Lebenszeit, anders als im Supreme Court der USA. Die deutschen Verfassungsrichter:innen sind zur Unparteilichkeit, also zur Neutralität verpflichtet, unabhängig davon, von welcher Partei der Vorschlag zur Wahl kam. Der einzige Maßstab ist das Grundgesetz.

Bei der Gründung des Bundesverfassungsgerichts 1951 gab es nur eine einzige Frau unter den Richtern: Erna Scheffler. Lange Zeit war auch dieses Gericht überwiegend ein Männergremium, nur ganz allmählich wurden auch Frauen zur Verfassungsrichterin gewählt. Bis 2011 waren gerade einmal 15 Frauen in diesem hohen Amt. Erst 2020 wurde der Gleichstand erreicht, mit genauso vielen Frauen wie Männern. Die Professorin und ehemalige Berliner Justizsenatorin Jutta Limbach war von 1994 bis 2002 die erste Frau, die als Präsidentin dem Bundesverfassungsgericht vorstand. Sie war bisher auch die Einzige. Prof. Dr. Doris König, ehemalige Präsidentin einer Juristischen Hochschule, sitzt seit 2020 dem Zweiten Senat vor, sie ist zugleich Vizepräsidentin. Der ehemalige Anwalt und Politiker im Bundestag Stephan Harbarth ist seit 2020 Präsident des Bundesverfassungsgerichts.

Entscheidungen mit weitreichender Wirkung

Das Bundesverfassungsgericht gibt es seit mehr als 70 Jahren. Seit seiner Gründung hat das höchste deutsche Gericht zu vielen politischen Streitpunkten wichtige Entscheidungen getroffen, so zum

Beispiel zum Atomausstieg (2016) und zum Klimaschutz (2021), genauso wie zu den persönlicheren Fragen der Lebensführung wie Schwangerschaftsabbruch (1975/1993), Lebenspartnerschaft (2002), mehrfach zum Kopftuch (2015/2020), Personenstandsrecht/3. Option (2017) und einiges mehr.

Rund 10 000 Anträge zur Prüfung, ob Grundrechte verletzt sind, erhält das Bundesverfassungsgericht im Jahr. Die meisten sind Verfassungsbeschwerden von Bürger:innen. 99 Prozent aller Eingaben werden abgelehnt, nach gründlicher Prüfung versteht sich, weil zum Beispiel nicht alles getan wurde, um das Problem vor normalen Gerichten zu lösen, und weil sich Leute nur beschweren wollen, aber eigentlich kein Fall für das Gericht vorliegt. Nur sehr wenige Fälle werden schließlich vom Gericht verhandelt. Aber das sind dann Entscheidungen, die für eine lebendige und stabile Demokratie von großer Bedeutung sind.

TIPP FÜR DICH

Du willst Verfassungsbeschwerde einlegen?

Schreibe einen Brief an das Bundesverfassungsgericht und schicke ihn mit der Post, nicht per E-Mail. Du kannst ihn mit der Hand schreiben. Du kannst das alleine machen, du brauchst keinen Rechtsbeistand, also einen Anwalt oder eine Anwältin. Du hast schon vor einem Gericht geklagt und verloren? Schicke eine Kopie des Urteils mit, nicht das Original. Wenn noch etwas fehlt, meldet sich das Gericht bei dir. Aber lies erst noch das Merkblatt durch, das das Bundesverfassungsgericht online gestellt hat.

www.bundesverfassungsgericht.de/DE/Service/Formulare/formulare.html

Hol dir Unterstützung

Du kannst ganz alleine deine Verfassungsbeschwerde einreichen, oder du machst es mit anderen zusammen. Gleichgesinnte, also Menschen mit einem sehr ähnlichen Problem, findest du über Interessensverbände. Gemeinsam geht es besser, gute Argumente zu sammeln. Die Verbände haben Erfahrung, wie sie sich mit den Mitteln des Rechts für ein Anliegen einsetzen. Um ein paar bekannte zu nennen: Die Deutsche Umwelthilfe e. V. führt Klagen zum Klimaschutz durch, die Deutsche Gesellschaft für Transidentität und Intersexualität e. V. unterstützt trans- und intergeschlechtliche Personen.

Besonders interessant ist die Gesellschaft für Freiheitsrechte e. V. (GFF): Sie wurde 2015 eigens dafür gegründet, Grund- und Menschenrechte mit rechtlichen Mitteln zu verteidigen. Als gemeinnütziger Verein ist die GFF unabhängig, da sie sich über Spenden und Mitgliedsbeiträge, und ohne staatliche Gelder finanziert. Hier arbeiten viele, auch junge Jurist:innen an strategischen Gerichtsverfahren. Denn bevor es zum Bundesverfassungsgericht geht, muss erst der ›*Rechtsweg ausgeschöpft*‹ sein, das heißt, ein wichtiges rechtliches Anliegen muss zunächst vor allen dafür zuständigen Gerichten eingeklagt werden. Die GFF konzentriert sich auf vier Schwerpunkte: Starke Grundrechte für eine lebendige Demokratie, Freiheit im digitalen Zeitalter, gleiche Rechte und Antidiskriminierung, sowie soziale Teilhabe.

WAS KANN DAS BUNDESVERFASSUNGS-GERICHT FÜR JUNGE MENSCHEN TUN?

Die ehemalige Bundesverfassungsrichterin Prof. Dr. Susanne Baer

gibt im Interview einen Einblick in die Arbeit des höchsten deutschen Gerichts – und wie sie über Verfassungsbeschwerden entschieden hat.

Prof. Dr. Susanne Baer war 12 Jahre lang Richterin am Bundesverfassungsgericht in Karlsruhe. Von 2011 bis 2023 gehörte sie dem Ersten Senat an. Er wird auch ›*Grundrechtssenat*‹ genannt, weil er Verfassungsbeschwerden bearbeitet und die Grundrechte auslegt. Mittlerweile ist die Juraprofessorin an ihren Lehrstuhl für öffentliches Recht und Geschlechterstudien an der Humboldt-Universität zu Berlin zurückgekehrt. Kurz vor Ende ihrer regulären Amtszeit konnten wir Susanne Baer interviewen.

Wie alt muss ich sein, um Verfassungsbeschwerde einzulegen?

Das Bundesverfassungsgericht ist ein Gericht für alle Bürgerinnen und Bürger. Das sind ganz, ganz junge und ganz, ganz alte, mit deutscher Staatsangehörigkeit oder mit einer anderen. Eine Verfassungsbeschwerde können also auch schon Jugendliche erheben. Wir sind dafür da, wenn es – egal für wen – hart auf hart kommt. Wenn die Grundrechte verletzt sind, wenn Leute meinen, sie seien zutiefst ungerecht behandelt worden, vom Gesetzgeber, von den Gerichten oder von der Verwaltung. Das Bundesverfassungsgericht prüft ganz grundsätzlich, ob das Grundgesetz gewahrt ist.

Wie alt waren die Jüngsten, die jemals eine Verfassungsbeschwerde eingereicht haben?

Hinter der Klimaentscheidung im Jahr 2021 steht eine Gruppe von Kindern und Jugendlichen und von Erwachsenen, da waren fast alle Altersstufen dabei. Die Jugendlichen und die Kinder wurden in der Presseberichterstattung extra erwähnt, weil sie eines klargemacht haben: besonders sie sind in der Zukunft vom Klimawandel betroffen.

Auch in anderen Fällen haben wir über die Rechte von Kindern und Jugendlichen verhandelt, etwa zu Schulschließungen während der Corona-Pandemie. Hier haben wir das erste Mal festgestellt, dass das Grundgesetz so zu verstehen ist, dass es ein Recht auf Zugang zu Schulbildung gibt. Und es gab noch einen Fall: Bei einer Entscheidung zur Masernimpfpflicht ging es darum, ob es richtig ist, ungeimpften Kindern die Betreuung in der Kita zu verweigern.

Das ist herausfordernd, weil die Frage im Raum steht: Sagen die Kinder selbst, was sie da wollen? Oder ist es die Ansicht der Eltern, was für das Kind das Beste ist? Wie stellen wir fest, was wirklich die Bedürfnisse des Kindes sind? Jugendliche dagegen haben schon eine eigene Meinung.

Erheben wirklich schon Kinder Verfassungsbeschwerde?
Das machen meist die Eltern. Es kommt aber nicht darauf an, wer Beschwerdeführer oder Beschwerdeführerin ist, sondern wer als Träger eines Grundrechts betroffen ist. So kann es sein, dass die Rechte von Kindern ganz zentral in einem Verfahren diskutiert werden. In familienrechtlichen Streitigkeiten steht das Wohl des Kindes im Mittelpunkt der Grundrechtsprüfung. Auch in den Verfahren zu Regenbogenfamilien, wo die Eltern zwei Mütter oder zwei Väter sind, ging es um das Recht des Kindes. Wir haben 2014 einstimmig entschieden: Es ist völlig egal, ob Eltern lesbisch oder schwul sind – für das Kind muss das rechtliche Verhältnis zu den Eltern verlässlich und sicher sein. Jedes Kind hat ein Recht auf elterliche Fürsorge, auf Schutz und Sicherheit. Das war entscheidend.

Zehntausend Eingaben erhält das Gericht jedes Jahr. Viele weist es ab. Welche Verfassungsbeschwerden lässt das Gericht zu?
Ich suche mir natürlich nicht aus, was ich wichtig finde und als Verfassungsbeschwerde behandeln möchte. Es gibt feste Regeln: Unsere Verwaltung prüft zunächst jede Eingabe. Oft schreibt sie zurück: »Bitte schicken Sie uns noch die vorherigen Gerichtsurteile oder ähnliche Unterlagen.« Hier hilft das Gericht den Leuten ganz konkret. Trotzdem fehlen bei sehr vielen Eingaben wichtige Voraussetzungen, sie sind dann nicht zulässig. Jedes Jahr wird über etwa 6000 Eingaben entschieden.

Das ist so organisiert: Das Gericht hat zwei Senate mit je acht Richterinnen und Richtern. Die Senate sind in Kammern aufgeteilt, da sind wir jeweils zu dritt. Hier prüfen wir jede Eingabe. Sehr häufig heißt es dann: ***»An der Beschwerde ist nichts dran, es ist alles in Ordnung.«***

Wenn wir uns in der Kammer nicht einigen können, weil es eine kontroverse Frage ist, geht das nicht. Dann wird die Sache in den Senat gebracht; es wird ein großer Fall. Das tun wir auch, wenn es eine Frage ist, wozu das Bundesverfassungsgericht noch nie etwas Grundsätzliches gesagt hat. Oder wenn wir ein Gesetz für verfassungswidrig erklären müssen. Denn hier stellen wir uns gegen die Mehrheit im Parlament, die das Gesetz demokratisch verabschiedet hat. Das kann nicht nur ein dreiköpfiges Gremium beraten, das müssen dann schon alle acht im Senat machen.

Erleben Sie Überraschungen bei den eingereichten Verfassungsbeschwerden?
Es ist in der Tat oft überraschend, wo überall eine Grundrechtsverletzung beklagt wird. Aus sämtlichen Lebensbereichen werden alle möglichen Fragen an das Gericht herangetragen.

Das reicht von Tierheilpraktikerinnen, die sich gegen ein Gesetz wenden, das ihnen verbietet, Tiere auch homöopathisch behandeln zu dürfen, bis zu Menschen, die sich in der Pandemie zu wenig geschützt fühlten, von Leuten, die bei Gericht den Eindruck hatten, sie wurden nicht wirklich verstanden, bis zu Unternehmen, die sich gegen komplizierte Regeln im Steuerrecht wenden, die sie Geld kosten.

Die großen Fälle sind dann oft neue und vertrackte Konstellationen. Oder es sind alte Fragen, zu denen erst mit der Zeit ein Problem entsteht. Ein Beispiel dafür ist die Masernimpfpflicht – das war zu Beginn akzeptiert, wird aber jetzt in Frage gestellt. Also wird es ein Fall, den wir prüfen müssen.

Seitdem ich hier Richterin bin, habe ich jedenfalls unglaublich viel gelernt, weil es so unterschiedliche Fallkonstellationen gibt. Ich muss mich immer wieder in Themen einarbeiten, von denen ich vorher nichts wusste. Verfassungsrecht – das ist natürlich da. Aber um verfassungsrechtlich zu entscheiden, muss ich ja auch das einfache Recht verstehen und den Sachverhalt, das Leben.

Macht das Bundesverfassungsgericht Politik?

Wenn Sie als Richterin die Nachrichten verfolgen, denken Sie dann manchmal: Wann landet das Thema wohl bei uns?

In der politischen Diskussion hören wir oft: »Das wird Karlsruhe entscheiden«, oder: »Das geht verfassungsrechtlich nicht«. Das ist Teil der Politik. Es zeigt, dass wir in Deutschland in einer sehr lebendigen Verfassungskultur leben. Fast jede politische Kontroverse kommt wohl auch zum Verfassungsgericht. Bei Themen wie Flüchtlingsrecht, Abschiebung, Föderalismusreformen, Europäische Integration, Antiterrorgesetzgebung rechnen wir schon damit. Die ganze Auseinandersetzung um Meinungsfreiheit, Hate Speech, Gangster Rap: Das haben wir alles auf dem Tisch. Allerdings gilt überall: Das sind immer unterschiedliche Einzelfälle, immer auch neue und andere Fragen, und manches dann doch überraschend.

Manche Gesetze werden wegen möglicher Grundrechtsverletzungen immer wieder beim Bundesverfassungsgericht zur Überprüfung eingereicht. Kann das Gericht der Politik sagen: »Macht das Gesetz endlich besser«?

Das ist eine große Herausforderung für das Bundesverfassungsgericht. Das Gericht ist zwar eine mächtige Institution. Aber es gibt eine Einschränkung: Das Gericht kann nur auf genau die Frage zum Grundgesetz antworten, die ihm gestellt wird. Unsere Entscheidung ist deshalb auch nur für diese eine Frage verbindlich. Der Gesetzgeber trifft dann oft auch nur an dieser Stelle eine Neuregelung. Und dann kommt manchmal die nächste Detailfrage wieder zu uns.

Es gibt Rechtsgebiete, da erhalten wir immer wieder Verfassungsbeschwerden, zum Beispiel im Datenschutzrecht oder im Steuerrecht. Da könnte man meinen, der Gesetzgeber müsste doch mal merken, dass er hier etwas ändern muss. Aber wenn die demokratisch gewählte Mehrheit im Bundestag ein Gesetz nicht ändern will, dann passiert das nicht. Hier ist dann wieder und wieder das Bundesverfassungsgericht gefragt: Denn unsere Aufgabe ist es, die Minderheit gegenüber der Mehrheit zu schützen. Dazu gehören auch die Kinder und Jugendlichen, die selbst keine Stimme in der Politik haben. Und da sagen wir letztlich: Hallo Mehrheit, es mag euch nicht passen, aber diese Minderheit hat schützenswerte

Rechte, das steht im Grundgesetz. Ihr müsst euer Gesetz so ändern, dass diese Rechte gewahrt werden. Das Bundesverfassungsgericht sorgt also dafür, dass die Freiheit der Einzelnen nie ganz zu kurz kommt.

Macht das Bundesverfassungsgericht Politik? Muss es nicht eigentlich neutral sein?
Das Bundesverfassungsgericht sitzt zwischen Justiz und Politik. Es ist dafür da, mit den Mitteln des Rechts die Politik zu kontrollieren. Es soll die Spielregeln der demokratischen Debatte sichern. Das ist unser Job. Warum sind wir trotzdem neutral? Weil das Grundgesetz die Grundlage unserer Rechtsprechung ist, und nicht unsere persönliche Meinung.

»Das Grundgesetz ist parteiisch. Es steht für das Recht des Individuums, für die Rechte von jeder und jedem Einzelnen.«

Susanne Baer, Bundesverfassungsrichterin von 2011 bis 2023

Die Zusammensetzung des Gerichts bestimmt die Politik: Die Richterinnen und Richter werden je zur Hälfte vom Bundestag und vom Bundesrat gewählt, immer mit Zweidrittelmehrheit. Das Gericht besteht aus Frauen und Männern, Jüngeren und Älteren. Vor allem aber haben wir völlig unterschiedliche Grundhaltungen. Die Idee ist ja gerade, dass hier Konservative auf Progressive und auf Liberale stoßen.

Aus diesen sehr unterschiedlichen Positionen heraus diskutieren wir so lange, bis wir – hoffentlich – gut durchdachte Argumente haben. Wir arbeiten nach dem Konsensprinzip, alle sollten mit der Entscheidung einverstanden sein. Wenn wir uns nicht gegenseitig überzeugen, wie sollen wir dann die Gesellschaft von der Richtigkeit unserer Entscheidung überzeugen?

Das Grundgesetz selbst ist allerdings nicht neutral, sondern parteiisch. Es steht für das Recht des Individuums, für die Rechte von jeder und jedem Einzelnen. Außerdem steht es für die Demokratie, für den Rechtsstaat, für den Sozialstaat, für Europa, für die Menschenrechte. Da das Grundgesetz die Grundlage meines Handelns als Verfassungsrichterin ist, sage ich immer. ***»Ich bin für die Grundrechtsträger parteiisch. Ich muss der Politik in den Arm fallen.«*** Das braucht etwas Mut und etwas Widerstandskraft, denn die Politik findet das natürlich oft nicht lustig.

Apropos Zusammensetzung. Die 16 amtierenden Richterinnen und Richter sind nicht besonders divers. Wann ändert sich das?
In den Anfangsjahren des Gerichts wurde auf die religiöse Bindung geachtet, darauf, dass es evangelische und katholische Richter:innen gab, und darauf, dass sie aus unterschiedlichen Bundesländern stammten. Dann kam die Frauenbewegung und hat gesagt: Wie wäre es denn mal mit mehr Frauen? Immerhin hat sich die Zahl der Frauen in den fast 12 Jahren meiner Amtszeit deutlich erhöht. Wir haben jetzt Gleichstand oder sind sogar eine mehr. Das kann sich aber bei der nächsten Richter:innenwahl wieder ändern.

Diversität bedeutet natürlich mehr: Mit mir kam das erste Mal eine offen lesbisch lebende Richterin an das Bundesverfassungsgericht; ich bin mit einer Frau verheiratet und habe nie ein Geheimnis daraus gemacht. Mit Udo di Fabio gab es einen Richter, der aus einer zugewanderten italienischen Familie stammt und über den zweiten Bildungsweg zum Studium kam. Auch sonst gibt es mehr Durchlässigkeit in den Richter:innenkarrieren, nicht alle stammen aus der klassisch-bürgerlichen Bildungsschicht. Bei der letzten Wahlrunde kam bewusst eine Richterin dazu, die aus Ostdeutschland stammt.

Mehr Vielfalt am Gericht wäre gut! Bisher haben zu wenige von uns eine familiäre Zuwanderungsgeschichte. Aber es ist auch eine schwierige Frage, wie viel und welche Unterschiedlichkeit das Gericht braucht.

Klar ist, dass wir nicht die Interessen der Gruppe vertreten, zu der wir aufgrund unserer Lebensgeschichte gehören. Aber unterschiedliche Erfahrungen sind wichtig. Es wäre also absurd, wenn ich, immer dann, wenn eine Frau Verfassungsbeschwerde einlegt, ihr Recht geben würde. Doch bringe ich meine Lebenserfahrung als Frau ein, so wie die anderen ihre persönlichen Erfahrungen einbringen. Diese Unterschiedlichkeit ist wichtig, auch weil jeder Senat so eine kleine Gruppe ist. Je mehr Weltsicht, umso besser.

Noch mal nachgefragt: Wie viel persönliche Meinung spielt in die Entscheidungsfindung hinein?
Jede Richterin und jeder Richter hat natürlich eine eigene Weltwahrnehmung. Jeder Fall stellt sich auch unterschiedlich dar, je nachdem, was man selbst für normal oder für auffällig hält. Deshalb ist es wichtig, dass wir nichts allein entscheiden, sondern immer zu mehreren. Aber bei den Kriterien der Entscheidung kommt es weniger auf die eigene politische Einstellung an oder auf die persönlichen Wertevorstellungen. Wichtiger ist: Es muss alles aus dem Grundgesetz heraus begründet werden. Wir müssen unsere Entscheidung im Grundgesetz verankern.

Zudem fußt die Beurteilung auf Expertise. Wir holen ganz viele Informationen ein, fragen die Bundesregierung, die Bundesländer, den Bundestag und auch die Fachverbände, was sie zu dem Fall meinen. Unsere Mitarbeiter:innen – und das sind Profis – aus den normalen Gerichten, die einige Zeit bei uns im Gericht arbeiten, erstellen Gutachten, als sogenannte *›Voten‹*. Sie tragen die ganze Literatur zusammen; alles, was zum Thema schon einmal juristisch gedacht und gesagt wurde, arbeiten sie auf. Das dient der Versachlichung. Das Gutachten ist wie eine Promotion, ein dickes Buch mit Fußnoten für jeden großen Fall.

Wir machen uns sehr viel Arbeit, um alles zu durchdenken – und alles Wesentliche dazu sagen zu können. Die Urteile müssen juristisch sehr genau sein, denn sie halten lange, das müssen sie auch. Diese eine rechtliche Frage können wir nicht noch einmal neu entscheiden. So einen Fall gibt es nicht wieder.

Die Bedeutung des Gerichts für Demokratie und Fortschritt

Das Bundesverfassungsgericht gibt es seit mehr als 70 Jahren. Entscheidet das Gericht noch so wie früher?
Wir gehen mit der Zeit. Wir legen das Grundgesetz so aus, wie wir es heute verstehen und nicht mehr wie 1948/49, zur Zeit seiner Entstehung. Es kommt auch vor, dass wir ein Rechtsproblem schon nach sieben oder acht Jahren anders beurteilen – wenn es uns mit einer ähnlichen Fragestellung noch einmal zur Prüfung vorgelegt wird. Meist hält das Gesagte aber länger. Die Gesellschaft entwickelt sich jedoch weiter und damit auch die tiefere Kenntnis eines Problems. Außerdem wechselt das Gericht seine Besetzung von Zeit zu Zeit. Mal rückt eine konservativdenkende Person nach, mal ein liberaler Geist. Das hat dann nicht entscheidenden, aber doch Einfluss auf die nächsten Entscheidungen.

Das Internet war 1949 noch nicht erfunden. Viele Probleme waren damals noch nicht abzusehen. Wie geht das Gericht damit um?
In allen Demokratien der Welt wird darüber nachgedacht, was wir mit unseren *›alten Verfassungen‹* machen. Unsere deutsche Verfassung ist 75 Jahre alt, die französische mehr als 200 Jahre, die US-amerikanische noch viel älter. Sie alle kannten Computer und Datenschutz nicht; Hate Speech und vieles Weitere war unbekannt.

»Es wäre unsinnig, wenn die Verfassung schweigen müsste, nur weil sie etwas noch nicht kannte. Das Grundgesetz ist für das Leben heute da.«

Susanne Baer, Bundesverfassungsrichterin von 2011 bis 2023

Ein englischer Lordrichter hat dazu dann einmal gesagt, man müsse eine Verfassung wie einen lebenden Baum betrachten. Die

Verfassung ist quasi als Lebensbaum einer Gesellschaft gepflanzt worden. Eine wunderbare kanadische Verfassungsrichterin, Rosie Abella, hat hinzugefügt: ***»Den Baum muss man gießen.«***

Das machen wir. Bei der Verfassungsdiskussion in Deutschland betrachten wir diesen Baum und fragen: Welche Unrechtserfahrung wächst da noch dran? Jeder Baum entwickelt neue Blüten und Äste. Das rechtliche Problem muss aber zu diesem Baum gehören. Es kann kein neuer Baum daneben wachsen.

Schauen wir beispielsweise auf die Meinungsfreiheit. 1949 war Handykommunikation unbekannt. Aber es gab die Grundidee, dass die Meinungsfreiheit für die Demokratie wichtig ist. Die Idee ist: Wir müssen uns auseinandersetzen können; wir müssen uns informieren, aber auch streiten können. Und deshalb sind auch die heutigen Apps durch das Grundgesetz geschützt. Es wäre unsinnig, wenn die Verfassung schweigen müsste, nur weil sie etwas damals noch nicht kannte. Das Grundgesetz ist für das Leben heute da.

Das Bundesverfassungsgericht wacht über das Grundgesetz und dass es alle Institutionen einhalten. Wer überwacht den »Wächter des Grundgesetzes«?
Wir sind unabhängig. Niemand kann ein Urteil des Bundesverfassungsgerichts für ungültig erklären oder widerrufen. Niemand kann unsere Richter oder Richterinnen absetzen. Für uns lohnt es sich deshalb auch nicht, ein Urteil mit der strategischen Absicht zu machen, wiedergewählt zu werden, denn nach 12 Jahren endet unsere Amtszeit. Das verhindert verkrustetes Denken.

Trotzdem gibt es eine Art von Kontrolle, und zwar auf europäischer Ebene und global. Neben dem Grundgesetz gilt ja das europäische Recht, also das Recht der EU und daneben das Recht der Europäischen Menschenrechtskonvention, und zudem noch das Recht der Vereinten Nationen, die Allgemeinen Menschenrechte und die internationalen Verträge, die Deutschland ratifiziert hat. Wir bewegen uns rechtlich also eingebettet in Europa und der Welt. Das beachten wir schon selbst: Das Grundgesetz ist der Ausgangspunkt, aber wir legen es, wie wir sagen ***»im Lichte der weiteren Grundrechtsgarantien«*** aus.

Wenn jemand aber unsere Entscheidung falsch findet, kann er zum Europäischen Gericht für Menschenrechte in Straßburg gehen. Das kommt selten vor, aber es passiert. Straßburg kann uns quasi kontrollieren, denn aus deren Sicht sind wir nicht das höchste Gericht, sondern nur ein Gericht in einem Mitgliedstaat des Europarates. Der Entscheidung der Straßburger Richter:innen folgen wir dann auch. Aber es kommt zu einem sogenannten *›Dialog der Gerichte‹*: Wir erklären dem international besetzten Gericht, warum es vielleicht doch richtig war, bei uns in Deutschland so zu urteilen. Unsere Besonderheiten müssen ja auch beachtet werden. Und in diesem Hin und Her finden wir dann beide Lösungen, die hoffentlich national und international funktionieren.

Die Arbeit an den Entscheidungen

Das Grundgesetz auslegen – Wie macht es das Gericht?

Ich erkläre das gern an diesem Beispiel: Nehmen wir einen Schüler, der meint, sein Jahreszeugnis sei falsch, er sei unfair bewertet worden. Das kann natürlich auch eine Schülerin sein. Angenommen, der Schüler ist 16 Jahre alt. Er klagt vor dem Verwaltungsgericht und verliert die Klage. Er klagt vor dem nächsthöheren Gericht, dem Oberverwaltungsgericht, und verliert wieder. Das war die letzte Instanz. Der Schüler ist aber der Meinung: Was die beiden Gerichte bisher nicht gesehen haben, sind meine Bildungschancen. Die gehen mit dem schlechten Zeugnis nämlich den Bach runter.

Er wendet sich also an das Bundesverfassungsgericht, mit einer Verfassungsbeschwerde. Die schreibt er selber, er braucht keinen Anwalt und keine Anwältin. Auch seine Eltern müssen den Brief nicht unterschreiben. Er kann das alles alleine machen. Er hat hoffentlich das Merkblatt gelesen, was wir online gestellt haben, und hat die Entscheidungen, die er schon erstritten und verloren hat, in Fotokopie beigelegt.

Dann schauen wir uns alles an. Wenn seine Eingabe zulässig ist, überprüfen wir die Urteile der beiden Gerichte mit der Frage: Haben sie seine Grundrechte beachtet? Ich nehme also das Grundgesetz zur Hand und untersuche, welches Grundrecht verletzt sein könnte. Es fängt an mit der Menschenwürde, dann die Freiheit, die Gleichheit, die Religionsfreiheit, die Meinungsfreiheit. Die passen hier alle nicht. Es geht ihm ja um seine Bildungschancen. Die stehen nicht im Grundgesetz. Ist die Sache hier zu Ende?

Nein, denn hier fängt die Auslegung an. Dazu muss ich erkennen, dass in Artikel 12 des Grundgesetzes die freie Berufswahl mit enthalten ist, der freie Zugang zum Beruf. Realistisch betrachtet gehört zum Beruf die Bildung dazu, die eine berufliche Laufbahn ermöglicht. Und das ist Auslegung: Ich nehme aus dem Wort ›*Beruf*‹ auch ›*Zugang zum Beruf*‹ und ›*Chance auf Beruf*‹. Und das fasse ich unter ›*Bildung*‹, nämlich die Bildungsabschlüsse, die man für den Beruf braucht.

So hat das Bundesverfassungsgericht in den 1970er Jahren – und nochmals vor ein paar Jahren – wichtige Urteile zum Numerus clausus gefällt. Entscheidend war, dass jeder und jede mit Abitur eine Chance auf einen Studienplatz erhält. Die Universitäten sollten sich ihre Studierenden nicht nach Belieben aussuchen. Die rechtliche Grundlage war die Berufsfreiheit in Artikel 12, die aufgrund von Auslegung über den Wortsinn hinaus eben den Zugang zum Studium beinhaltet.

Als Verfassungsrichterin suche ich also im Grundgesetz eine Garantie, ein Versprechen, einen Artikel, eine Norm, ein Grundrecht, das den Lebensbereich beschreibt, zu dem sich der Schüler beschwert. Dann überlege ich, ob das in der Entstehungsgeschichte der Verfassung so gemeint war, ob es in der Systematik des Grundgesetzes mitgedacht war, und ob es vom Sinn und Zweck her heute mitgedacht werden könnte. Dann wende ich das Grundrecht zur Lösung des Problems an. Das ist Auslegung.

Manchmal sehen wir in den Fernsehnachrichten, dass der Saal des Bundesverfassungsgerichts voller Menschen ist, manchmal ist nur die Presse da. Wann gibt es eine mündliche Verhandlung?
Die meisten Verfahren des Zweiten Senats müssen nach der Verfahrensordnung öffentlich verhandelt werden, etwa Normenkontrollverfahren und Organklagen, wenn zum Beispiel die Oppositionsparteien im Bundestag gegen die Regierung klagen. Deshalb ist der Zweite Senat auch öfter als der Erste Senat im Fernsehen zu sehen.

Der Erste Senat, zu dem ich gehöre, verhandelt Verfassungsbeschwerden. Da gibt es keinen Zwang zur mündlichen Verhandlung. Aber wir können entscheiden, dass es uns wichtig ist, die Verfahrensbeteiligten selbst anzuhören. Es kann zum Beispiel sein, dass wir, trotz der vielen Informationen, die wir schon zusammengetragen haben, Fragen haben, die uns nur die Beschwerdeführenden beantworten können. Das ist aber selten.

»Gerechtigkeit muss man auch sehen können« ist eine Idee aus dem anglo-amerikanischen Recht. Also ist es wichtig zu zeigen: wie arbeitet das Bundesverfassungsgericht, wer ist das eigentlich? Und es geht darum, ein Gespräch über einen Rechtskonflikt ganz friedlich zu führen. Ohne Geschrei. Voller Respekt. Und alle elektronischen Geräte, Handys, Laptops usw. bleiben draußen. Es ist eine betont ruhige Form, sich mit sehr schwierigen Fragen und ganz gegensätzlichen Positionen zu befassen. Und das ist in unserer Gesellschaft nicht mehr der Regelfall. Wir zeigen also, dass solch eine Auseinandersetzung möglich ist, und dass wir sie als Gericht brauchen, um zu einer guten Entscheidung zu finden.

Es ist nur sehr viel Aufwand: Eine mündliche Verhandlung vorzubereiten, mit Ladung und dem ganzen Drumherum dauert es etwa zwei Monate. Darauf müssen wir verzichten, wenn eine Entscheidung schnell gebraucht wird. Und in der Coronazeit konnten wir keine mündlichen Verhandlungen durchführen, aus Gründen des Infektionsschutzes. Es war auch oft Eile geboten.

Der frühere Verfassungsgerichtspräsident Andreas Voßkuhle hat einmal in den Medien berichtet, dass die Urteile gemeinsam geschrieben werden. Wirklich Wort für Wort?
Wenn ich das in Schulen erkläre, sage ich: Suche dir sieben Leute aus deiner Klasse, mit denen du bisher nie etwas zu tun hattest, also nicht deine Lieblinge aus der Clique. Du schreibst einen Text und gibst ihn den sieben. Alle haben das Recht, den Text zu verändern. Die schreiben fleißig ihre eigenen Ideen rein. Dann kriegst du den Text zurück und machst daraus eine sogenannte konsolidierte Fassung. Da siehst du dann, wer wo was ändern will, ein ziemlich wildes Dokument. Dann kommt der Tag der Beratung und alle arbeiten gemeinsam an diesem Text. So läuft das im Bundesverfassungsgericht: Alle schreiben mit.

Das haben wir auch schon im Fernsehen gesehen: Das Gericht sitzt um einen quadratischen Tisch, aber nicht in den berühmten roten Roben. Was passiert da?
Im Senat sitzen wir so zu acht zusammen. Immer zwei nebeneinander, recht eng. Und klar, nicht in den Roben. Alle haben gleich viel Platz, niemand hat einen größeren Stuhl, alle sind gleichberechtigt. Wir haben nur diesen vorbereiteten Textvorschlag für das Urteil vor uns, sowie Bleistifte und Radiergummis. Dann geht es los, mit Seite eins. Dann musst du argumentieren, warum deine Formulierung besser ist, warum dies oder das gestrichen werden muss. Du einigst dich über jede Zeile. Das dauert lange. Entscheidungen haben 50 bis 150 Seiten. Manchmal schaffen wir 20 Seiten an einem Vormittag, manchmal mehr.

Bei Diskussionen gehen die Meinungen oft auseinander. Das kennen wir alle. Gibt es im Senat auch mal Streit?
Klar sind wir auch mal genervt. Stell dir vor, du schreibst ein Riesengutachten mit deinem Team, bereitest eine perfekte Argumentation vor, kennst dich hundertprozentig gut mit dem Rechtsproblem aus – und dann sagen dir die anderen, wie es besser wäre. Das ist im ersten Moment frustrierend. Aber am Ende merken wir: Weil wir so viel hin und her diskutiert haben, ist die Entscheidung wirklich besser geworden.

Was machen Sie im Senat, wenn jemand stur immer anderer Meinung ist und die Arbeit aufhält? Können Sie einen Störenfried loswerden?
Nein. Unsere Arbeit ist tatsächlich sehr intensiv. Wir müssen so lange argumentieren, bis wir einer Meinung sind. Ob mich das ärgert, wie jemand argumentiert, darf keine Rolle spielen. Im Gegenteil. Man wächst auch zusammen. Und sich immer wieder als Mensch zu sehen, ist wichtig.

Ein Rauswurf ist sowieso nur möglich, wenn jemand etwas Furchtbares getan hat, eine schwere Straftat, einen Mord zum Beispiel. Das ist noch nicht vorgekommen. Man kann nur selbst freiwillig gehen. Dazu muss man den Bundespräsidenten um die Entlassung bitten.

Bei manchen Entscheidungen veröffentlicht das Gericht eine sogenannte abweichende Meinung. Wie kommt es dazu?
Das Recht der abweichenden Meinung gab es anfangs nicht, später hat es der Gesetzgeber eingeführt. Aber wir versuchen, das zu vermeiden. Wir wollen mit einer Stimme sprechen. Jedenfalls in meiner Amtszeit war uns das wichtig.

Es gibt drei Varianten des Entscheidens: Ich schreibe eine abweichende Meinung, weil ich gegen die Entscheidung des Gerichts bin. Oder ich finde das Ergebnis richtig, will es aber anders begründen. Oder ich will transparent machen, dass kontrovers abgestimmt wurde. Das geht auch über einen Schlusssatz – ohne ausformulierte abweichende Meinung. Dann heißt es zum Beispiel: »Die Entscheidung ist mit sechs zu zwei Stimmen ergangen.« Oder wir notieren, dass wir die Entscheidung einstimmig gefällt haben. Zur Sukzessivadoption der Regenbogenfamilien haben wir auf diese Weise gezeigt, dass wirklich alle im Senat die Entscheidung mittragen, an jeder Stelle unserer Begründung. Wenn nichts unter einer Entscheidung steht, dann war dieses Ausrufezeichen nicht nötig.

Die abweichende Meinung ist ein wichtiges Ventil. Niemand ist zum Schweigen verurteilt. Aber es ist Haltung gefragt: Du schreibst eine abweichende Meinung nur, wenn du meinst, die Öffentlichkeit muss erfahren, dass es eine andere Argumentation gibt. Die Hürde, sich so zu äußern, ist hoch. Psychologisch gesehen ist das interessant: Du bemühst dich ja nur so lange um jemanden, solange du die Person noch überzeugen kannst. Wenn sie sagt, ich schreibe sowieso eine abweichende Meinung, ist sie weiteren Argumenten nicht mehr zugänglich. Damit nimmt sich diese:r Richter:in aber die Möglichkeit, auf die Diskussion weiter Einfluss zu nehmen. Das will ja niemand.

Das Urteil stellt die Verfassungswidrigkeit möglicherweise fest. Geben Sie der Politik weitere Hinweise?
Am Ende einer Entscheidung diskutieren wir unter dem Punkt *›D‹*: Was ordnen wir an? Wenn zum Beispiel das Gesetz verfassungswidrig ist, ist es im Regelfall nichtig. Wenn es nötig ist, gehen wir aber einen Schritt weiter und machen eine Regelungsanordnung. Dann müssen wir selbst bestimmen, was passieren soll, bis die Politik handelt. Und aus der Entscheidung selbst kann sie oft erkennen, was geht und was nicht.

Öffentliches Wirken

Das Bundesverfassungsgericht hat eine sehr verständliche Website, die Urteile lassen sich online lesen, ein downloadbares Merkblatt erklärt, wie eine Verfassungsbeschwerde eingelegt werden kann. Will das Gericht so mehr in die Gesellschaft hineinwirken?

Früher gab es den Spruch: »Richter sprechen nur durch ihre Urteile.« Das ist lange vorbei. Die Welt ist komplizierter geworden und es gibt auch viel Falschinformation. Gerichte müssen sich also erklären. Und gerade das Bundesverfassungsgericht mit seiner Sonderstellung zwischen Politik und Justiz muss erklären, warum es wie entscheidet. Der erste Präsident Hermann Höpker-Aschoff war 1953 auf dem Titelbild des SPIEGEL, die erste Präsidentin Jutta Limbach hat zahlreiche Vorträge im ganzen Land gehalten und immer wieder über die Arbeit des Gerichtes berichtet.

In der heutigen Medienwelt ist es noch wichtiger geworden, sichtbar zu sein und sich auch für das Gespräch bereitzuhalten. Die umfangreichen Urteile erklären wir in Pressemitteilungen. Und wenn eine Schule anfragt, gehe ich gerne hin.

Das Gericht macht sogar Angebote für Jugendliche?!

Wir arbeiten gerade an vier Filmen, die für Jugendliche entwickelt werden. Zum 70-jährigen Jubiläum hatten wir einen Wettbewerb für Schüler:innen, mit großer Kreativität: Bilder, Plakatwände, ein Spiel, ein Rap-Song – ganz toll und auch kritisch. Mit Jugendlichen arbeitet übrigens auch die Stiftung Forum Recht.

Wie wichtig ist für die Gesellschaft die Auseinandersetzung um die Grundrechte?

Sehr wichtig. Und das Grundgesetz gehört dem Bundesverfassungsgericht nicht allein. Es gibt sehr viele Meinungen zu den Grundrechten – von anderen Gerichten, der Wissenschaft, der Politik, der Gesellschaft insgesamt. Das Bundesverfassungsgericht interessiert sich auch immer dafür, wie kluge Menschen darüber denken. Da hören wir nicht nur zu, wir gehen auch darauf ein.

Ein Beispiel ist die Entscheidung zum Klimaschutz. Da haben uns die jungen Beschwerdeführenden zu einer neuen Auslegung des Grundgesetzes verholfen. Sie sagten uns: ***»Ihr habt Freiheit***

immer nur in der Gegenwart gedacht. Unsere Freiheit liegt in der Zukunft.« Das war ein neuer Gedanke, den Bürger:innen an uns herangetragen haben; aus der Gesellschaft kam diese Auslegung des Grundgesetzes. Verfassungsrecht ist also etwas wunderbar Lebendiges.

»Das Bundesverfassungsgericht wirkt oft so liberal, weil es die Minderheit schützt. Also zum Beispiel die Rechte von minderjährigen Schülerinnen und Schülern.«

Susanne Baer, Bundesverfassungsrichterin von 2011 bis 2023

Das Grundgesetz scheint sehr liberal zu sein. Kann sich das wieder ändern? Können uns Rechte weggenommen werden?

Am wichtigsten ist mir: Wir dürfen es nicht für selbstverständlich halten, wie groß das Maß an Freiheit, Gleichberechtigung, Rechtsschutz und Unabhängigkeit der Gerichte in Deutschland ist. Wir sehen an Polen, Ungarn und erschreckend vielen anderen Ländern, wie schnell sich das dramatisch ändern kann. Wir müssen auf unsere Rechte und auf das Recht gut aufpassen. Das Verfassungsrecht sagt dazu im Kern: Im Zweifel hat der Gesetzgeber recht. Was die Mehrheit will, entscheidet die demokratisch gewählte Mehrheit im Bundestag. Das Bundesverfassungsgericht wirkt dann oft so liberal, weil es die Minderheit schützt. Also zum Beispiel die Rechte von minderjährigen Schüler:innen, gerade weil sie auf Gesetzgebung keinen direkten Einfluss haben, da sie noch nicht wählen dürfen. Ihr braucht die Grundrechte – und die brauchen manchmal die Hilfe des Bundesverfassungsgerichts.

Eine persönliche Frage zum Schluss: Wie fühlen Sie sich mit so viel Verantwortung als Verfassungsrichterin?

Es ist ein großartiges Amt und eine große Ehre, im Bundesverfassungsgericht Recht sprechen zu dürfen. Ich beschreibe es mal mit einer Szene: Wenn man neu im Amt ist, bekommt man die Robe des Vorgängers. Die hat schon der Vorgänger vom Vorgänger getragen. Diese rote Robe gehört nicht mir, sondern dem Richterverein. Sie ist groß und schwer und beim Anziehen brauchen wir Hilfe. Auch der Hut ist vom Vorgänger. Nur das Schweißband innen wird ausgetauscht.

Und bei der ersten Anprobe ist dann ganz klar: Diese Robe haben bedeutende Verfassungsrichter:innen vor mir getragen. Ich trete in reichlich große Fußstapfen. Das Bundesverfassungsgericht ist eine in 70 Jahren gewachsene Institution, die echt schon viel geleistet hat. Da habe ich erst mal tief Luft geholt. Und das tue ich bis heute.

Ich habe ja auch nie damit gerechnet, jemals so ein Amt zu haben. Frauen waren beim Bundesverfassungsgericht lange nicht so gewollt; wegen meiner Homosexualität galt ich als außergewöhnliche Kandidatin; ich habe mich feministisch engagiert und zu Diskriminierung geforscht. Nicht wenige haben damit gerechnet, dass ich gar nicht gewählt werde. Als es dann doch dazu kam, gab es ein Erstaunen, bei mir selbst und in der Öffentlichkeit.

Mir ist also sehr bewusst, dass das eine richtig große Aufgabe ist und viele Leute mir das Vertrauen geschenkt haben, dass ich das ordentlich mache. Das Vertrauen lastet auf den Schultern. Da ist es wichtig, nie allein zu entscheiden. Aber wir sind auch nur zu acht im Senat und stellen die Weichen für die nächsten 20 oder 30 Jahre. Wenn ich also eine große Entscheidung entwerfe, grübele ich hin und her. Und ich frage mich immer: Haben wir uns alle Mühe der Welt gemacht, dieser Aufgabe gerecht zu werden?

2

WAS BEDEUTEN DIE GRUNDRECHTE FÜR DEIN LEBEN?

ICH UND DER STAAT

1. Klimakrise: Schützen wir unsere Zukunft! Generationengerechtigkeit im Grundgesetz

»Die 10a war auf Skireise!« »Was? Es gab doch gar keinen Schnee? Neben den Pisten war alles grün, habe ich im Fernsehen gesehen.« »Ja, aber dann schneite es plötzlich viel zu viel.« »Das ist jeden Winter so.« »Ne, das ist der Klimawandel: Im Winter zu warm, im Sommer zu heiß!« Theo, Elif und Sara diskutieren wie wild. »Wir konnten in den Sommerferien nicht zu Oma und Opa in die Türkei fahren«, erzählt Elif. »Mein Vater meinte, da war voll die Hitzewelle.« Theo darauf: »Hier war es auch zu heiß.« »Seht ihr, Fridays for Future hat recht. Wir müssen was tun«, sagt Sara. »Ich war mit meiner großen Schwester ein paarmal bei den Demos.«

Wie ist das Wetter? Das war bisher immer ein Small Talk-Thema. Seit den Fridays for Future-Demos 2019 aber reden wir alle übers Klima und beobachten besorgt, wenn es irgendwo auf der Welt zu großen Unwetterkatastrophen kommt. Dann überlegen wir: Tobten nicht immer schon kräftige Herbststürme und seit wann kennen wir eigentlich *›Starkregen‹*? Die Älteren erinnern sich an Winter mit viel Schnee. Wo ist der heute? Dann sahen wir im Sommer 2022 Fernsehberichte über Flüsse, die zu wenig Wasser führten. War das nur ein Rekordsommer mit großer Hitze, wie es sie alle paar Jahre gibt!? Oder ist das Wetter wirklich heftiger geworden? Ist das der Klimawandel?

Ja, sagt die Wissenschaft: ***»Wir sind schon mitten im Klimawandel.«*** Und es kommt noch schlimmer, wenn wir nicht bald etwas tun.

Ein schwedisches Mädchen hat die Botschaft verstanden: Greta Thunberg. Vom Klimawandel hatte sie das erste Mal mit acht Jahren in der Schule gehört. Sie wollte mehr darüber wissen und las alles, was sie finden konnte, auch wissenschaftliche Forschungsergebnisse. Sie sagte später, weil sie Autistin sei, habe sie sich ganz in das Thema vertieft. Menschen im autistischen Spektrum haben nämlich oft ein Spezialinteresse. Das erklärt ganz gut, warum sie so auf dieses Thema fokussiert bleibt. Am 20. August 2018 ging die damals 15-Jährige nicht in die Schule, sondern stellte sich mit einem Schild vor das schwedische Parlament in Stockholm.

»Skolstrejk för klimatet« hatte Greta Thunberg draufgeschrieben: Schulstreik für das Klima.

Dies war der Beginn des Klimaaktivismus von Kindern und Jugendlichen weltweit. Von Australien bis Belgien, von Schweden bis Deutschland folgten viele Schüler:innen dem Beispiel Greta Thunbergs und gingen freitags nicht in die Schule, sondern zu Demonstrationen vor Rathäusern, Ministerien und Regierungssitzen. Die globale Bewegung erhielt den Namen *›Fridays for Future‹*.

Unterstützung kam damals aus der Wissenschaft: Forschende aus Deutschland, Österreich und der Schweiz schlossen sich zu *›Scientists for Future‹* zusammen und lieferten für die Proteste der Kinder und Jugendlichen Wissen und Argumente. Ihre erste Stellungnahme unterschrieben 28 800 Wissenschaftler:innen, darunter zwei Nobelpreisträger. Sie kritisieren: ***»Die derzeitigen Maßnahmen zum Klima-, Arten-, Wald-, Meeres- und Bodenschutz reichen bei Weitem nicht aus.«*** Scientists for Future als überparteilicher und überinstitutioneller Zusammenschluss von Wissenschaftler:innen aus allen Disziplinen unterstützt weiter die globale Klimabewegung mit zuverlässigen und anerkannten wissenschaftlichen Daten: ***»Angesichts der historisch beispiellosen, globalen Klima-, Biodiversitäts- und Nachhaltigkeitskrise sehen wir uns in der Pflicht, öffentlich und proaktiv die Stimme zu erheben.«***

Am 15. März 2019 organisierte Fridays for Future den ersten gemeinsamen Klimastreik in vielen Ländern rund um den Globus. Viele der Aktiven waren noch minderjährig. Fast 1,8 Millionen Menschen sollen sich an den Demonstrationen beteiligt haben. Sie forderten schnelle und effiziente Maßnahmen für den Schutz des Klimas: ***»Wir streiken, bis ihr handelt!«*** schrieben die Schüler:innen auf ihre Demobanner, oder auch: ***»Wir sind jung und brauchen die Welt!«***

Eine Frage der Generationengerechtigkeit

Als das Grundgesetz 1948/49 entstand, hatte niemand an die Umwelt gedacht. In den Aufbaujahren freuten sich alle am technischen und wirtschaftlichen Fortschritt. In den 1970er Jahren zeigten sich jedoch beunruhigende Umweltverschmutzungen – Smogalarm in Großstädten, Flüsse, in denen niemand mehr schwimmen konnte, verseuchte Ackerflächen durch Überdüngung in der Landwirtschaft. Die SPD, und ab den 80er Jahren die neugegründete Partei Die Grünen, kämpften für ein Grundrecht auf Umweltschutz. Die CDU/CSU-Fraktion befürwortete nur ein so genanntes Staatsziel. Das bedeutet: Der Staat soll mithilfe von Gesetzen alles Machbare für den Umweltschutz tun. Aber niemand kann die Politik mit einer Klage zum Handeln zwingen. Das geht nämlich nur, wenn es ein Grundrecht ist. Jahrelang ging der Streit, bis es schließlich 1994 die Staatszielbestimmung ***»der Staat schützt die natürlichen Lebensgrundlagen«*** mit der notwendigen Zweidrittelmehrheit bei der Abstimmung im Bundestag ins Grundgesetz schaffte.

Ende 2019 verabschiedete die Regierung das sogenannte Klimaschutzgesetz, das im Klimapaket der Bundesregierung vorgebracht worden war. Das Gesetz hatte das Ziel, den Anstieg der globalen Durchschnittstemperatur auf deutlich unter zwei Grad und möglichst auf 1,5 Grad zu begrenzen. Es legte fest, wie viele Treibhausgase einzelne Bereiche – Verkehr, Landwirtschaft, Gebäude – in welchem Jahr ausstoßen dürfen. Das sei nicht ausreichend, fanden Familien, die auf den Nordseeinseln zu Hause sind. Auf Pellworm leben die Geschwister Sophie, Paul, Hannes und Jakob Backsen, 2019 waren sie zwischen 21 und 15 Jahre alt. Sie wollen eines Tages den Betrieb der Eltern – Landwirtschaft und Ferienwohnungen – übernehmen. Doch dieser Plan ist bedroht, denn ihre Insel liegt zum Teil unter Normalnull, geschützt von acht Meter hohen Deichen. Schmilzt aufgrund der Erderwärmung das Eis in der Arktis, steigt der Meeresspiegel, und Pellworm könnte überflutet werden. Familie Backsen mit ihren vier Kindern legte deshalb Verfassungsbeschwerde ein. Mitglieder der Fridays-for-Future-Bewegung wie Luisa Neubauer und Linus Steinmetz, damals 23 und 20 Jahre alt, klagten mit weiteren Aktivist:innen und Umweltverbänden ebenfalls gegen das Gesetz.

Im April 2021 urteilte das Bundesverfassungsgericht, dass die ***»zum Teil noch sehr jungen Beschwerdeführenden«*** in ihren Freiheitsrechten verletzt seien, da das deutsche Klimaschutzgesetz von 2019 in Teilen nicht vereinbar sei mit dem Grundgesetz. Ein Paukenschlag in Deutschland und ein Urteil, das auch international für Aufsehen sorgte: ***»Klimaschutz ist ein Grundrecht.«***

In der Folge muss das Gesetz nachgebessert werden, und zwar deutlich. Der Staat muss zukünftige Generationen vor dem Klimawandel schützen. ***»Die Vorschriften verschieben hohe Emissionsminderungslasten unumkehrbar auf Zeiträume nach 2030«***, hieß es von den Richtern und Richterinnen. Die Gefahren des Klimawandels würden auf Zeiträume danach und damit zulasten der jüngeren Generation verschoben, befand das Gericht. Denn was ab dem Jahr 2031 passieren soll – das ist ja schon bald – stand nicht im Gesetz.

Das höchste deutsche Gericht stellte also fest, dass die Politik deutlich mehr für den Kampf gegen den Klimawandel tun muss. Sie darf mit Schutzmaßnahmen nicht zu lange warten. Als Ergebnis lässt sich festhalten: Die Klimabewegung der Kinder und Jugendlichen hat zu einer Entdeckung geführt. Im Grundgesetz steht in Artikel 20a längst drin, dass gehandelt werden muss, und zwar ***»für die künftigen Generationen«***.

Grundgesetz für die Bundesrepublik Deutschland

Artikel 20a

Der Staat schützt auch in Verantwortung für die künftigen Generationen die natürlichen Lebensgrundlagen und die Tiere im Rahmen der verfassungsmäßigen Ordnung durch die Gesetzgebung und nach Maßgabe von Gesetz und Recht durch die vollziehende Gewalt und die Rechtsprechung.

Hört auf die Jugend

Die zwei Coronajahre 2020 und 2021 haben die Fridays-for-Future-Bewegung ausgebremst. Schüler:innen waren zum Homeschooling verdammt, an Klimademonstrationen war nicht zu denken. Im September 2021 stand die Bundestagswahl an und viele der jugendlichen Aktvist:innen fragten: ***»Wo bleibt die Stimme von uns Jungen?«.*** Linus Steinmetz und Franziska Wessel, Fridays-for-Future-Aktivist:innen, hatten eine Idee: Wahleinspruch beim Bundestag. Gemäß Artikel 41 Absatz 1 Grundgesetz muss das Parlament auf Antrag die Gültigkeit der Wahl überprüfen. Öffentlichkeitswirksam – der Spiegel berichtete – überreichten die beiden Noch-nicht-Wahlberechtigten ihren Einspruch, verbunden mit der Forderung: Absenkung des Wahlalters auf 16 Jahre.

»Jede Wahl, an der junge Menschen nicht teilnehmen dürfen, ist ein Skandal. Junge Leute sollten die Möglichkeit haben, ihre Stimme abzugeben, gerade weil sie besonders von den großen Krisen unserer Zeit betroffen sind.«

Linus Steinmetz (*2003) Bei der Bundestagswahl im September 2021 war der Schüler aus Göttingen noch keine 18 Jahre alt und damit von der Stimmabgabe ausgeschlossen. Seit seinem 12. Lebensjahr ist Linus Steinmetz politisch engagiert. Er ist überzeugt: ***»Das Alter ist ein schlechter Indikator dafür, wie fähig Menschen wirklich sind zu wählen.«*** Mit 16 Jahren hatte er erfolgreich beim Bundesverfassungsgericht zusammen mit Luisa Neubauer und sieben weiteren jungen Leuten die Klimaklage gegen die Bundesregierung angeschoben. Für die Verfassungsbeschwerde gibt es kein Mindestalter, fürs Wählen schon.

Anfang 2022 begann die *›Letzte Generation‹* mit spektakulären Aktionen, um auf die Klimakrise aufmerksam zu machen. Die Mitglieder der Initiative, meist junge Leute, organisieren Sitzblockaden auf Autobahnzufahrten und an Verkehrsknotenpunkten der Großstädte und kleben ihre Hände auf der Straße fest. Wie schon bei Fridays-for-Future wurde jedoch in der Öffentlichkeit zu wenig über das Anliegen ***»Wir brauchen mehr und effektiven Klimaschutz«*** geredet. Stattdessen legten die Medien den Fokus zu sehr auf das Verpassen von Schulunterricht oder die Behinderung des Straßenverkehrs. Aber soll nur die Politik die Energiewende vorantreiben? Es braucht den Druck auch aus der Bevölkerung, die sich Sorgen um das Klima macht.

Verantwortung für die Zukunft

Dem Staat ist also nach Artikel 20a Grundgesetz der Schutz der natürlichen Lebensgrundlagen *›in Verantwortung für die künftigen Generationen‹* übertragen. Doch macht er auch genug?

Was die Jüngeren kritisieren, ist mittlerweile klar: Die mittlere und ältere Generation, die heute die Politik gestaltet, oder am Wahltag bestimmt, wer es machen soll, entscheidet zu wenig zukunftsweisend. Den jetzigen Wohlstand zu erhalten ist für sie angenehm. Aber wie geht es den eigenen Kindern und Enkelkindern, wenn die Ressourcen knapp werden, die Rohstoffe verbraucht sind, die Lebensbedingungen aufgrund des Klimawandels erschwert sind? Die Generation, die heute das Sagen hat, wird das alles wohl nicht mehr miterleben.

Aktiv werden

Jede und jeder kann eigentlich selbst etwas tun. Theo, Elif und Sara beschließen vielleicht am Ende ihres Gesprächs: »Wir reden mit unseren Familien, diskutieren mit unseren Freund:innen und gehen auf die Straße – für unsere Zukunft.«

2. Wahlrecht erst ab 18: Warum können Jugendliche bei der Politik nicht mitreden?

> Die Straßen sind mit Wahlplakaten gepflastert. Bald wird ein neuer Bundestag gewählt. Meryem interessiert sich für Politik. In der Fußgängerzone steht ein Wahlkandidat und verteilt seine Flyer. Meryem fragt ihn, welche Ideen er für die Bewältigung des Klimawandels hat. Seine Antworten gefallen ihr nicht. Zwei Ecken weiter steht die Kandidatin einer anderen Partei. Deren politische Forderungen findet sie schon besser. Die Politikerin fragt sie: »Wissen Sie schon, wo Sie Ihr Kreuz am Wahlsonntag machen?« »Ich weiß es genau«, sagt Meryem. »Aber mein 18. Geburtstag ist erst zwei Wochen danach. Ich darf noch nicht wählen.«

Pech gehabt. Erst mit 18 Jahren darf gewählt werden. Stopp, wir müssen genau sein. Bei Bundestagswahlen liegt das Wahlalter bei 18 Jahren. Bei Landtags- und Kommunalwahlen geht das in einigen Bundesländern auch schon ab 16 Jahren.

Bundestagswahl: Ab 18 möglich

Die Teilnahme an Wahlen zum Bundestag ist im Grundgesetz geregelt, im Abschnitt zum Staatsorganisationsrecht. Bei den Bestimmungen zum Bundestag steht in Artikel 38, wer und wie von wem gewählt wird.

Grundgesetz für die Bundesrepublik Deutschland

Artikel 20a

(1) Die Abgeordneten des Deutschen Bundestages werden in allgemeiner, unmittelbarer, freier, gleicher und geheimer Wahl gewählt. Sie sind Vertreter des ganzen Volkes, an Aufträge und Weisungen nicht gebunden und nur ihrem Gewissen unterworfen.
(2) Wahlberechtigt ist, wer das achtzehnte Lebensjahr vollendet hat; wählbar ist, wer das Alter erreicht hat, mit dem die Volljährigkeit eintritt.

Es gibt das aktive und das passive Wahlrecht. Ab dem 18. Geburtstag sind alle Deutschen wahlberechtigt und dürfen ihre Stimme bei Bundestagswahlen abgeben, das ist das aktive Wahlrecht. An das passive Wahlrecht sind oft weitere Bedingungen geknüpft. Beispielsweise können laut Artikel 54 Grundgesetz nur Deutsche, die das 40. Lebensjahr vollendet haben, zum Bundespräsidenten oder zur Bundespräsidentin gewählt werden. Dagegen ist es schon ab der Volljährigkeit – also ab 18 Jahren – möglich, als Abgeordnete in den Bundestag gewählt zu werden. Das ist das passive Wahlrecht. Viele informative Fakten dazu stehen übrigens auf der Website www.mitmischen.de: *›Dein Portal zum Bundestag‹*.

Bei der Bundestagswahl im September 2021 kam ein überraschend junges Parlament zustande. Viele ältere Bundestagsabgeordnete hatten sich nach langen Jahren der politischen Arbeit nicht noch einmal zur Wahl gestellt, sondern Platz gemacht für Neue. Die Parteien hatten viele jüngere Leute auf aussichtsreiche Listenplätze gesetzt, das war gut so. Sechs der neugewählten Abgeordneten waren unter 25. Emily Vontz kam als Nachrückerin hinzu. Da war sie gerade mal 22 Jahre alt und ist damit die Jüngste im jetzigen Bundestag.

»Der Wandel hin zu einer Politik, die vielfältige Sichtweisen miteinschließt, ist nicht mehr aufzuhalten. Es gibt viele Frauen, die schon im jungen Alter von Politik begeistert sind, die sich aber noch nicht trauen, ihre Stimme zu nutzen. Es liegt in unser aller Verantwortung, junge Frauen zu aktiver politischer Teilhabe zu motivieren und zu fördern!«

Emily Vontz (*2000) trat mit 16 Jahren den Jusos bei, der Jugendorganisation der SPD. Mit 17 wurde sie Parteimitglied, mit 21 Landesvorsitzende der Jusos im Saarland. Im Januar 2023 rückte die 22-jährige Politikstudentin für Heiko Maas in die SPD-Fraktion nach. Der frühere Bundesaußenminister hatte sich nach 30 Jahren in der Politik überraschend für den Ausstieg entschieden. Emily Vontz bietet auf ihrer Website wahlweise das Du oder das Sie an und schreibt: ***»Ich möchte Politik aus der Perspektive junger Menschen machen – aber für alle!«***

Geeignete Reife? Klar doch!

Das Wahlalter 18 gibt es seit gut 50 Jahren. Im Juni 1972 senkte der Bundestag per Gesetz das aktive Wahlrecht von 21 auf 18 Jahre. Bundeskanzler Willi Brandt (SPD) hatte beim Amtsantritt 1969 die Devise ausgegeben ***»Mehr Demokratie wagen«***. Er versprach eine Senkung des Wahlalters, doch die dafür notwendige Änderung des Grundgesetzes wurde erst mal heftig debattiert. Die Gegner bestritten, dass Jugendliche schon die geeignete Reife besäßen. Die anderen argumentierten, die junge Generation müsse so frühzeitig wie möglich an die politische Mitentscheidung und Mitbestimmung herangeführt werden.

Die notwendige Zweidrittelmehrheit für die Grundgesetzänderung kam überraschenderweise dann doch zustande. Gleich im November 1972 gab es für die 18- bis 21-Jährigen die erste Möglichkeit, ***»an die Urne zu gehen«*** – ein etwas anderer Ausdruck für die Stimmabgabe. Die gesamte Wahlbeteiligung betrug 91,1 Prozent und war damit die höchste jemals bei Bundestagswahlen verzeichnete Beteiligung.

Beim passiven Wahlrecht bezieht sich Artikel 38 auf die *›Volljährigkeit‹*. Die Formulierung war bewusst gewählt, denn erst 1974, zwei Jahre nach der Grundrechtsänderung, wurde beschlossen, dass junge Menschen bereits mit 18 und nicht mehr erst mit 21 volljährig sind. Das hat vor allem rechtliche Bedeutung: Ab dem 18. Geburtstag sind junge Leute voll geschäftsfähig, das heißt, sie können ohne Zustimmung der Eltern einen Handyvertrag oder einen Ausbildungsvertrag abschließen, eine Wohnung mieten oder eine Reise buchen. Die Strafmündigkeit beginnt teilweise schon mit 14 Jahren. Das Jugendstrafrecht nimmt dabei Rücksicht auf die *›Einsichtsfähigkeit‹*. Ab 18 Jahren ist volle Strafmündigkeit gegeben, aber bis 21 Jahre sind die Jugendgerichte etwas milder; die Maßnahmen, die sie bei strafbarem Verhalten verhängen, sollen eher erziehen als strafen, je nach Schwere der Schuld.

Seit 2019 ist die Geschäftsfähigkeit aber keine Voraussetzung mehr für das aktive Wahlrecht. Auch Menschen, die aufgrund einer Lernbehinderung eine Betreuung für ihre geschäftlichen Angelegenheiten haben, dürfen mitwählen. Denn das Bundesverfassungsgericht hat entschieden, dass es das Wahlrecht für alle geben muss. Auch Menschen, die Schwierigkeiten haben, abstrakte Dinge schnell zu verstehen, haben eine politische Meinung. Vor 2019 waren 85 000 betreute Personen von Wahlen ausgeschlossen.

Die Alten bestimmen die Zukunft der Jungen

Das Wahlalter wird heute wieder diskutiert. Zu den bekannten Pro-Argumenten, dass sich Jugendliche bereits für Politik interessieren und genügend Weitblick haben, ist mit der Klimakrise ein neuer Aspekt hinzugekommen: Die Folgen einer politischen Entscheidung betreffen die Jungen länger als die Älteren. Wer heute 75 oder 80 Jahre alt ist, wird die Auswirkungen des Klimawandels nicht mehr erleben, kann aber durch Beteiligung an der Bundestagswahl mitbestimmen, wie das Problem angegangen wird. Schutz des Klimas, Regulierung des Internets oder auch die Gestaltung der sozialen Sicherungssysteme wie das Bürgergeld – was der Bundestag dazu in dieser Wahlperiode gesetzlich regelt, wird noch lange in der Zukunft gelten.

Das Statistische Bundesamt stellte im August 2021 fest: ***»Die Stimmen der älteren Bürger:innen haben mehr Gewicht.«*** Rund 58 Prozent der Wahlberechtigten sind älter als 50 Jahre. Die unter-30-Jährigen machen nur neun Prozent der Stimmberechtigten aus, so die Schätzung nach Altersgruppen. Hätten die anderthalb Millionen 16- bis 17-Jährigen ein Wahlrecht, würde sich das Verhältnis etwas verschieben.

Es ist jedoch keineswegs so, dass die Alten nur konservativ wählen. Auch die Erstwähler:innen sind nicht alle progressiv und geben ihre Stimme nur der Partei Die Linke oder den Grünen. Bei der Bundestagswahl 2021 ging jede vierte junge Stimme an die FDP, genauso viele wie an die Grünen. Danach wurde gefragt, wie kam es zu dieser Überraschung? Laut Wahlprogramm wollten sich beide für den Klimaschutz engagieren. Doch während sich die Grünen für Tempolimits auf Autobahnen und gegen Kurzstreckenflüge aussprachen, gab die FDP das Wahlversprechen, mit Innovationen und ohne Verbote das Problem angehen zu wollen. Vielen jungen Leuten gefiel an der FDP auch, dass sie attraktive Aussagen zur Digitalisierung gemacht hatte.

Wählen schon mit 16 – es ist mehr möglich als gedacht

Die überparteiliche, unabhängige Initiative *›Jugend wählt‹* hat viele gute Argumente für das Wahlrecht ab 16 online gestellt. Sie fordert die Änderung von Artikel 38 Grundgesetz für die Stimmabgabe bei Bundestagswahlen. Dazu verweist sie unter anderem auf eine repräsentative Umfrage unter 10 000 Jugendlichen zwischen 14 und 17 Jahren von 2020: 85 Prozent waren für das Wahlrecht der Jungen. Auf ihrer Website zeigt aber auch eine Deutschlandkarte, in welchen Bundesländern das Wahlalter 16 bereits gilt: In Schleswig-Holstein, Bremen, Hamburg, Mecklenburg-Vorpommern, Brandenburg, und Baden-Württemberg flattern den 16- und 17-Jährigen Wahlbenachrichtigungen für Landtags- und Kommunalwahlen ins Haus. In Nordrhein-Westfalen, Niedersachsen, Sachsen-Anhalt und Thüringen dürfen sie bei Gemeinde- oder Stadtratwahlen mitwählen, in Berlin bei der Bezirksverordnetenversammlung. Hier dürfen sie also an allen Kommunalwahlen teilnehmen. In den anderen Bundesländern geht alles erst ab 18 Jahren.

Die gute Nachricht: Bei der Europawahl im Mai 2024 dürfen zum ersten Mal auch Jugendliche ab 16 Jahren ihre Stimme abgeben. Das Europaparlament hatte die Absenkung des Wahlalters empfohlen. In Österreich war die Wahlbeteiligung schon seit 2007 möglich, in Malta seit 2019. Für diese Abstimmung im Bundestag im November 2022 genügte die einfache Mehrheit der Stimmen. Für die Absenkung des Alters auch bei Bundestagswahlen gibt es zwar nach Ansicht der Wahlrechtskommission keine verfassungsrechtlichen Bedenken. Die erforderliche Zweidrittel-Mehrheit zur Änderung von Artikel 38 Grundgesetz kommt aber nicht zustande. CDU und CSU sowie die AfD lehnen nach wie vor das Wahlrecht für die Jüngeren ab.

Wahlrecht für alle? Leider nein!

Wahlberechtigt sind nur Deutsche. Das steht nicht wortwörtlich in Artikel 20 des Grundgesetzes, ist aber gemeint, wenn es darin heißt: ***»Alle Staatsgewalt geht vom Volke aus.«*** Als das Grundgesetz 1949 in Kraft trat, war es keine Frage, wer das Volk ist. Doch dann entwickelte sich die Bundesrepublik zu einer Einwanderungsgesellschaft.

Ist Bevölkerung dasselbe wie Volk? In den 1970er und 80er Jahren entstand eine intensive Debatte: Können ausländische Staatsangehörige zumindest ein kommunales Wahlrecht erhalten? Andere EU-Staaten machten bereits rechtliche Schritte in die Richtung.

Die Antwort kam 1990, als das Bundesverfassungsgericht das Gemeinde- und Kreiswahlgesetz von Schleswig-Holstein überprüfen musste. Denn Dänemark hatte in seinem Land Ausländer:innen das Wahlrecht gegeben, die deutsche Minderheit durfte mitwählen. Nun sollte im Gegenzug die dänische Minderheit in Schleswig-Holstein an Kommunalwahlen teilnehmen dürfen. Das Gericht sah das anders und stellte in seinem Beschluss klar, dass das *›Staatsvolk‹* die Deutschen nach Artikel 116 Absatz 1 Grundgesetz sind und dass für das Wahlrecht das Grundgesetz die deutsche Staatsangehörigkeit voraussetzt. Das schleswig-holsteinische Gesetz wurde zurückgenommen. Die Debatte ging weiter.

Grundgesetz für die Bundesrepublik Deutschland

Artikel 116

(1) Deutscher im Sinne dieses Grundgesetzes ist vorbehaltlich anderweitiger gesetzlicher Regelung, wer die deutsche Staatsangehörigkeit besitzt …

Zur Bevölkerung Deutschlands zählen alle Menschen, die hier leben; nicht alle von ihnen haben die deutsche Staatsangehörigkeit. Obwohl sie schon lange in Deutschland leben, hier Geld verdienen, Steuern zahlen und in die Rentenkasse einzahlen, ihre Kinder hier großziehen, haben einige keinen deutschen Pass. Andere sind für kürzere Zeit hier, weil sie einen Studienplatz erhalten oder als Fachkraft einen Job gefunden haben. Anfang der 2010er Jahre lag die Jugendarbeitslosigkeit in Spanien bei 45 Prozent. Viele junge, gut ausgebildete Spanier:innen suchten und fanden Arbeit in Deutschland; in der IT-Branche genügten ihre Englischkenntnisse und als Staatsangehörige eines EU-Landes brauchten sie dank der Freizügigkeitsregelungen keine Arbeitserlaubnis. Hinzu kommen Asylbewerber und Geflüchtete. 2015/16 fanden etwa 800 000 Menschen aus Syrien bei uns Zuflucht, 2022 rund eine Million aus der Ukraine.

Muss ich deutsch sein, um politisch mitreden zu dürfen?

Deutschland zählt zu den beliebtesten Zuwanderungsländern der Welt. Aber können Migrant:innen politisch mitreden? Das Statistische Bundesamt versucht mit Zahlen Klarheit zu schaffen: 2020 hatten 21,9 Millionen Menschen in Deutschland einen Migrationshintergrund. Dies wird so definiert: Wenn eine Person nicht mit deutscher Staatsangehörigkeit geboren wurde oder wenn mindestens ein Elternteil nicht von Geburt an die deutsche Staatsangehörigkeit hatte.

Von diesen 21,9 Millionen Menschen waren 7,9 Millionen bei der Bundestagswahl im September 2021 wahlberechtigt, jede dritte Person mit Migrationshintergrund konnte also an der Bundestagswahl teilnehmen.
Solche Zahlen helfen einzuschätzen, wie wichtig das Wahlrecht für die Integration ist und ob Menschen unterschiedlichster Herkunft in der Politik genügend repräsentiert sind. Wir sehen, es sind ziemlich viele der in Deutschland lebenden Menschen mit Migrationshintergrund, die kein Wahlrecht haben.

Immerhin lässt sich feststellen: In Deutschland sind in hohen politischen Ämtern heute auch Menschen tätig, deren Familien eine Zuwanderungsgeschichte haben: Der Bundesminister für Ernährung und Landwirtschaft Cem Özdemir (Türkei), die Bundestagsvizepräsidentin Aydan Özoguz (Türkei), der Bundesvorsitzende der Grünen Omid Nouripour (Iran), Schleswig-Holsteins Familienministerin Aminata Touré (Mali), die Vorsitzende der Linksfraktion im Bundestag Amira Mohamed Ali (Vater ist Ägypter), der Generalsekretär der FDP Bija Djir-Sarai (Iran), Thüringens Justiz- und Migrationsministerin Doreen Denstädt (Vater ist aus Tansania).

Sie alle sind Deutsche. Im Jahr 2000 wurde das Staatsangehörigkeitsgesetz umfassend geändert. Kinder ausländischer Eltern sind von Geburt an Deutsche, wenn ein Elternteil seit mindestens acht Jahren rechtmäßig in Deutschland lebt und ein unbefristetes Aufenthaltsrecht besitzt. Die Einbürgerung ist nach acht Jahren Aufenthalt in Deutschland möglich, gute deutsche Sprachkenntnisse werden vorausgesetzt. Bei einem Einbürgerungstest wird das Grundwissen über die Rechts- und Gesellschaftsordnung und die

Lebensverhältnisse in Deutschland abgefragt. Jede Fernsehquizshow ist einfacher als manche Fragen im Test.

Für Jugendliche interessant: Wer noch keine 16 Jahre alt ist oder einen deutschen Schulabschluss hat, muss den Einbürgerungstest nicht machen. Darauf verzichtet wird auch bei Leuten, die erfolgreich Rechts-, Gesellschafts-, Sozialwissenschaften, Politik- oder Verwaltungswissenschaften studiert haben. Mittlerweile wird darüber diskutiert, ob die Einbürgerung schon nach 5 Jahren erfolgen kann und zu welchen Bedingungen.

Die Meinungsfreiheit ist nicht an das Deutsch-Sein gebunden. Alle Menschen, die in Deutschland leben, genießen die Freiheitsrechte aus Artikel 5 Absatz 1 Grundgesetz, dazu zählt logischerweise auch die Pressefreiheit. Politische Teilhabe ist vielfach möglich: Durch Mitwirkung in Vereinen, Bürgerinitiativen, Gewerkschaften und Schulen. Migrant:innen können auch in den meisten Parteien Mitglied werden und wichtige Positionen übernehmen.

Impuls aus der EU

Als Nichtdeutsche wählen geht dann doch, nämlich auf Kommunalebene – wie bei den 16-Jährigen. Der entscheidende Impuls kam von der Europäischen Union 1992, zwei Jahre nach der zurückgenommenen Gesetzesinitiative von Schleswig-Holstein. Der Vertrag von Maastricht zwang mehrere EU-Staaten, neben Frankreich, Belgien und Österreich auch Deutschland, dazu, Staatsangehörige aus EU-Mitgliedsländern die Teilnahme an Kommunalwahlen zu gestatten. Deutschland musste dazu Artikel 28 Absatz 1 Grundgesetz um einen dritten Satz ergänzen.

Grundgesetz für die Bundesrepublik Deutschland

Artikel 28 Absatz 1 Satz 3:

Bei Wahlen in Kreisen und Gemeinden sind auch Personen, die die Staatsangehörigkeit eines Mitgliedstaates der Europäischen Gemeinschaft besitzen, nach Maßgabe von Recht der Europäischen Gemeinschaft wahlberechtigt und wählbar.

Die EU konnte also für die Bürger:innen der EU ein Wahlrecht durchsetzen. Wer aus einem anderen Land als der EU stammt, bekommt dieses Recht nicht. Und auch die Bundes- und Landtagswahlen bleiben Deutschen vorbehalten. An Wahlen zum Europaparlament können EU-Staatsangehörige aber von jedem EU-Land aus teilnehmen – wenn sie sich in das Wählerverzeichnis ihrer Gemeinde eintragen lassen, weil sie da schon länger leben. Wer am Wahltag Urlaub auf Mallorca macht, kann bereits zu Hause durch Briefwahl gewählt haben.

Volkes Stimme

Das Wahlrecht ist die Grundlage jeder Demokratie. ***»Alle Macht geht vom Volke aus«*** heißt es oft. In Artikel 20 Grundgesetz steht es etwas anders:

Grundgesetz für die Bundesrepublik Deutschland

Artikel 20

(2) Alle Staatsgewalt geht vom Volke aus. Sie wird vom Volke in Wahlen und Abstimmungen und durch besondere Organe der Gesetzgebung, der vollziehenden Gewalt und der Rechtsprechung ausgeübt.

Entscheidend ist, dass *›das Volk‹* seine Stimme weitergibt: Das Volk wählt *›Volksvertreter‹*, die an seiner Stelle politische Entscheidungen treffen. Es können ja nicht Millionen von Menschen jedes Mal über alles abstimmen. Das übernehmen die Abgeordneten in allen Parlamenten, vom Gemeinderat bis zum Bundestag.

Gelegentlich wird *›direkte Demokratie‹* gefordert. Sie ist im Grundgesetz mit dem Wort *›Abstimmungen‹* angelegt. Die Initiative für Volksbegehren, Volksentscheide oder Volksabstimmungen kommt immer aus der Bevölkerung. Sie sind jedoch selten, der Organisationsaufwand ist sehr hoch. Von den 12 Volksbegehren, die es seit dem Jahr 2000 gab, ist einer der bekannteren der Volksentscheid 2013 in Hamburg über den Rückkauf der Energienetze: 50,9 Prozent stimmten dafür, Strom und Fernwärme wieder an die öffentliche Verwaltung zu geben. Die 16- und 17-Jährigen durften übrigens mitabstimmen. Beim Volksbegehren *›Deutsche Wohnen enteignen‹* 2021 in Berlin waren 59,1 Prozent der gültig abgegebenen Stimmen für die Enteignung großer privater Wohnungsunternehmen.

Ob die Politik auf Volkes Stimme *›hört‹*, ist dann die nächste Frage. Eine Stimmung ist daraus ablesbar, aber folgt daraus auch eine politische Entscheidung? In Berlin, wo Kritik an unsozialer Geschäftemacherei bei akuter Wohnungsnot der Auslöser des Volksbegehrens war, zeigte der Senat zunächst wenig Bereitschaft, sich um eine Lösung zu bemühen. Hamburg dagegen hat, wie es seine Bevölkerung wünschte, die Energienetze zurückgekauft.

Wozu eigentlich wählen?

Wählen zu dürfen ist für die Demokratie ein unverzichtbares Recht. Um 1900 haben Frauen jahrzehntelang für ihr Stimmrecht gekämpft, bis im November 1918 innerhalb weniger Tage der Kaiser zur Abdankung gezwungen, die Monarchie abgeschafft und das Frauenwahlrecht in Deutschland eingeführt wurde. Heute sind es die Jugendlichen, die ihr Wahlrecht ab 16 Jahren einfordern.

Das Wahlrecht ist ein Privileg, doch das wird zu wenig genutzt. Immer mehr Wahlberechtigte verzichten auf ihre Möglichkeit, Politik mitzubestimmen. Die Wahlbeteiligung sinkt, vor allem bei Landtagswahlen. Bei Europa- und Kommunalwahlen liegt sie sogar oft unter 50 Prozent. Das Kreuzchen auf dem Wahlzettel wird als sinnlos empfunden: ***»Die Politiker:innen machen ja eh nur, was sie wollen.«***

Demokratieverdrossenheit ist ein Schlagwort. Nichtwählen gilt als stummer, wirkungsloser Wahlprotest, denn dieser Protest wird nicht gehört. Stattdessen entscheiden die Stimmen der anderen, wer in der Politik das Sagen hat. Durch Nichtwählen wird das Gewicht der abgegebenen Stimmen größer, das ist pure Mathematik. Je geringer die Wahlbeteiligung ist, desto größer ist der Stimmenzuwachs bei konservativen Parteien. Die Wahlforschung zeigt auch: Die Älteren gehen öfter wählen als die Jüngeren. Es gibt viele Möglichkeiten und Formen, sich politisch zu betätigen. Auf das Wahlrecht sollte niemand verzichten.

Meryem und ihr politisches Interesse

In Meryems Familie wird viel über Politik diskutiert. Ihre Großeltern stammen aus der Türkei. Opa Ali ist im türkischen Arbeiterverein aktiv, seine Frau Serap unterstützt als Stadtteilmutter zugewanderte Familien. Beide wollten nie die deutsche Staatsbürgerschaft annehmen, weil sie fest vorhatten, im Alter in die Heimat zurückzukehren. Doch ihre Kinder und Enkel wurden alle in Deutschland geboren, also sind sie bei der Familie geblieben. Meryem hat mit 16 zum ersten Mal gewählt, bei den Gemeinderatswahlen. In die Kommunalpolitik gehen nur wenige Frauen. Deshalb gab sie ihre Stimme einer Kandidatin mit marokkanischen Wurzeln. Eine Frau zu wählen, war ihr wichtig, denn in die Kommunalpolitik gehen nur wenige Frauen. Dass sie auch eine Zuwanderungsgeschichte hat, war erst recht ein Grund für sie zu stimmen. Meryem selbst ist Klassensprecherin. Die Schülervertretung hat sie in das Landesjugendparlament geschickt. Jedes Bundesland hat eigene Konzepte für die politische Beteiligung von Jugendlichen, das hat Meryem auf der Website der Arbeitsstelle für Eigenständige Jugendpolitik www.jugendgerecht.de entdeckt. Die Siebzehnjährige überlegt, der Jugendorganisation einer Partei beizutreten. Aber nicht die gleiche, in der ihre Mutter Parteimitglied ist. Die meisten Parteien vergeben auch für sozial und politisch Engagierte Stipendien. Dann könnte sie ihr Studium ohne die Hilfe der Eltern finanzieren. Nur was sie studieren will, das weiß Meryem noch nicht. Es muss nicht auch noch Politik sein.

3. Zensur der Schülerzeitung Wie weit reicht die Pressefreiheit?

Julie ist Chefredakteurin der Schülerzeitung und muss dem Schuldirektor vor der Veröffentlichung den fertigen Entwurf zeigen. Ein Artikel hat Karsten Becker nicht gefallen. Keanu aus der 11. Klasse schreibt, dass er es richtig findet, wenn sich Klimaaktivist:innen auf Straßenkreuzungen festkleben und Kartoffelsuppe auf Kunstwerke werfen. Am Ende schreibt Keanu: »Kommt, lasst uns auch so eine spektakuläre Aktion machen. Die Leute müssen endlich kapieren, dass die Welt zugrunde geht.« Julie verteidigt den Text: »Wir haben Meinungsfreiheit und Pressefreiheit: Herr Becker, Sie können uns den Artikel nicht verbieten!«

Die Pressefreiheit gehört zu den 19 Grundrechten. Sie ist für die Demokratie unverzichtbar. Dies ist die Basis, damit wir uns informieren und streiten können, damit wir wissen, was in der Politik los ist und worüber die Gesellschaft diskutiert. Selbstverständlich gilt die Pressefreiheit auch für Schülerzeitungen, jedenfalls von staatlichen Schulen. Das sind die meisten Grundschulen, Sekundarschulen und Gymnasien.

Grundgesetz für die Bundesrepublik Deutschland

Artikel 5

(1) Jeder hat das Recht, seine Meinung in Wort, Schrift und Bild frei zu äußern und zu verbreiten und sich aus allgemein zugänglichen Quellen ungehindert zu unterrichten. Die Pressefreiheit und die Freiheit der Berichterstattung durch Rundfunk und Film werden gewährleistet. Eine Zensur findet nicht statt.
(2) Diese Rechte finden ihre Schranken in den Vorschriften der allgemeinen Gesetze, den gesetzlichen Bestimmungen zum Schutze der Jugend und in dem Recht der persönlichen Ehre.

Besonders wichtig ist der letzte Satz in Absatz 1 von Artikel 5 Grundgesetz: ***»Eine Zensur findet nicht statt.«***

Die genauen Regeln stehen in den Landesschulgesetzen. Sie unterscheiden sich je nach Bundesland. Im Wesentlichen aber gilt: Das Grundgesetz stellt sich hinter die minderjährigen Schüler:innen und schützt auch ihre Meinungs- und Pressefreiheit.

Meistens ist es so: Die Schulleitung darf zwar verlangen, dass sie ein Exemplar der Schülerzeitung drei Tage vor dem Verkauf zur Ansicht bekommt. Die Veröffentlichung kann jedoch kein Schulleiter und keine Schulleiterin verbieten. Sie dürfen in den Artikeln nicht herumstreichen, Rechtschreibfehler korrigieren oder zensieren. Wenn es hart auf hart kommt, können sie den Verkauf auf dem Schulgelände verbieten. In einem solchen Fall kann es vorkommen, dass sich die Redaktion wehrt und ihre Zeitung auf der Straße vor der Schule verkauft.

Der Unterschied: Meinung oder Tatsache

Das Grundgesetz sagt es ausdrücklich: Es schützt die Freiheit der Meinung. Also nicht nur das Recht, Tatsachen zu verbreiten. Was ist der Unterschied? Seit der Amtszeit von Donald Trump ist der Begriff der *›Fake News‹* allen bekannt; seine Pressesprecherin Kellyanne Conway erfand sogar den Begriff der *›alternativen Fakten‹*; es war das Unwort des Jahres 2017. Fake News sind Falschmeldungen, die absichtlich in die Welt gesetzt werden, um die politische Meinungsbildung zu beeinflussen.

Eine Meinung enthält immer eine Wertung. Sie kann rational oder irrational sein, richtig oder falsch, sie darf völliger Schwachsinn sein oder voller Emotion. Trotzdem gibt es eine Grenze. Die steht in Artikel 5 Absatz 2 Grundgesetz: die allgemeinen Gesetze, der Jugendschutz und das Recht der persönlichen Ehre.

Mit den *›allgemeinen Gesetzen‹* ist unter anderem das Strafrecht gemeint. Zum Beispiel bestraft § 111 Strafgesetzbuch die öffentliche Aufforderung zu Straftaten. Leute, die Flugblätter verteilt oder Wahlplakate aufgehängt haben, standen deshalb schon vor Gericht.

§ 111 Strafgesetzbuch
Öffentliche Aufforderung zu Straftaten

Absatz 1

Wer öffentlich, in einer Versammlung oder durch Verbreiten eines Inhalts (§ 11 Absatz 3) zu einer rechtswidrigen Tat auffordert, wird wie ein Anstifter (§ 26) bestraft.

›Jugendschutz‹ meint, dass Kinder und Jugendliche vor gewaltverherrlichenden oder pornografischen Inhalten geschützt werden sollen. Deshalb werden bei Filmen und Spielen Altersfreigaben festgelegt.

Das *›Recht der persönlichen Ehre‹* bedeutet, dass niemand durch eine Meinungsäußerung beleidigt werden darf. Passiert trotzdem, schon klar. Aber die richtige Vorgehensweise wäre dann, sich zu entschuldigen und nicht auf deine Meinungsfreiheit zu pochen. Meistens geht es um die Wortwahl. Worte können sehr verletzend sein.

Tatsachen sind Aussagen, die sich beweisen lassen – im Gegensatz zur Meinung. Sie enthalten keine Wertung. Der Beweis muss objektiv nachprüfbar sein. Im Journalismus geht es darum, über Tatsachen zu berichten. Sie müssen zusammengetragen, das heißt recherchiert werden. Und dann einsortiert, abgewogen und gewichtet werden. Eine wichtige Frage ist dabei, wie vertrauenswürdig eine Quelle ist. Gibt es eine zweite, unabhängige Quelle, die Beweise für das Gleiche hat?

Nach dieser Zwei-Quellen-Regel zu arbeiten, gehört zu den ethisch-journalistischen Grundregeln, die im Pressekodex stehen. Danach sind alle, die in den Medien arbeiten, zu Wahrhaftigkeit und Sorgfalt verpflichtet. Sie müssen die Bildrechte, Persönlichkeitsrechte und den Jugendschutz beachten.

Für wen gilt die Pressefreiheit?

Eine Schülerin und ein Schüler, die für eine Schülerzeitung schreiben, sind die schon Journalist:innen? Genauso wie die Chefredakteurin einer großen Tageszeitung oder der Moderator einer Hauptnachrichtensendung des Fernsehens? Ja, das lässt sich so sagen. Die Berufsbezeichnung ist nicht geschützt, eine Berufsausbildung ist nicht erforderlich. Der Besuch einer Journalistenschule oder ein Volontariat geben allerdings gute Grundlagen. Egal wer wie in den Journalismus gefunden hat, die journalistischen Grundregeln gelten für alle. Ihre Arbeit ist durch das Grundrecht auf Pressefreiheit geschützt.

Rezo zum Beispiel ist kein Journalist, sondern YouTuber, eigentlich ist sein Ding die Musik. Im Mai 2019 veröffentlichte er das Video *›Zerstörung der CDU‹*. Der über einstündige Rant über das Politikgebaren der Partei hatte 19 Millionen Aufrufe. Um seinen Beobachtungen Glaubwürdigkeit zu verschaffen, verlinkte Rezo eine 13 Seiten lange Liste von Quellen auf Google Drive. Seine Meinung unterlegte er also mit Fakten, eine journalistische Vorgehensweise, sorgfältig und wahrhaftig.

Wenn das gründlich Recherchierte in einem Artikel oder in einem Video, einem Radio- oder Fernsehbericht dargestellt wird, können trotzdem Wertungen hineinkommen – durch die Auswahl der Fakten, ihre Gewichtung und die Wortwahl. Ziemlich raffiniert das Ganze. Dazu gehört es auch zu verstehen, wer was wo schreibt oder sagt.

Der gleiche Sachverhalt wird in einer konservativen Zeitung wie der F.A.Z. anders dargestellt als in einer linken Zeitung wie der taz oder dem FREITAG. Heute kommen viele weitere Quellen dazu. Was läuft auf Instagram oder TikTok, auf Twitch, Twitter oder Mastodon, was in Telegramforen oder in Facebookgruppen? Wer wirklich Bescheid wissen will, informiert sich aus unterschiedlichen Medien, blickt über den Tellerrand und schaut, was außerhalb der eigenen Blase kommuniziert wird. Und macht sich dann einen eigenen Reim darauf, unterscheidet zwischen Fakten und Meinung.

Demokratie und Pressefreiheit

Zur demokratischen Meinungsbildung gehört es dazu, sich frei und ohne jede Einschränkung über das politische und gesellschaftliche Geschehen informieren zu können. Deshalb ist die Pressefreiheit für die Demokratie wichtig. Wenn Einzelne die Macht an sich reißen, wenn mehr oder weniger offen eine Diktatur entsteht, wird die Pressefreiheit sofort eingeschränkt oder gar abgeschafft. So zuletzt geschehen in der Türkei und in Russland. Kritische Journalist:innen landen im Gefängnis, ihre Zeitungen werden eingestellt, ihre Radio- und Fernsehsender abgeschaltet. Oder das Internet wird mal eben ausgeknipst, zum Beispiel in Libyen, Kasachstan, Belarus und im Herbst 2022 im Iran, bei den Protesten gegen die repressive Regierung.

Auch schon unter Hitler wurde die Presse gleichgeschaltet, kritische Stimmen hatten keine Medien mehr. Schlimmer noch, einige Presseleute kamen ins KZ, manche verließen so schnell sie konnten das Deutsche Reich. Nach dem Ende der Naziherrschaft waren die Alliierten sehr bemüht, die Pressefreiheit nach US-amerikanischem oder britischem Vorbild in den Westzonen einzurichten. Das war nicht einfach, denn einige der amtierenden Politiker konnten sich Medien, die ohne Einfluss und Kontrolle der Politik arbeiten dürfen, nicht vorstellen.

Auch später gab es immer wieder Versuche, die freie Presse einzuschränken, wie bei der SPIEGEL-Affäre 1962, als der Redaktion des Hamburger Nachrichtenmagazins wegen unliebsamer Berichterstattung Landesverrat vorgeworfen, die Redaktionsräume durchsucht, Recherchematerialien beschlagnahmt, Redakteure verhaftet wurden und lange Zeit in Untersuchungshaft saßen; Herausgeber Rudolf Augstein war 103 Tage lang weggesperrt. Alles eine Verletzung der Pressefreiheit, wie das Bundesverfassungsgericht im sogenannten SPIEGEL-Urteil 1966 feststellte. Es betonte: ***»Eine freie, nicht von der öffentlichen Gewalt gelenkte, keiner Zensur unterworfene Presse ist ein Wesenselement des freiheitlichen Staates.«***

In der DDR war die Presse nicht frei, sondern ferngelenkt. Das *›Presseamt beim Vorsitzenden des Ministerrates‹* war faktisch eine staatliche Meinungsbehörde. Sie gab Sprachregelungen vor, vergab Lizenzen für Presseerzeugnisse oder entzog sie wieder. Die Druckereien waren zu 90 Prozent in staatlicher Hand. Überraschenderweise garantierte die Verfassung die Meinungsfreiheit. Wer in der DDR gelebt hat, weiß jedoch: Sie existierte nur auf dem Papier.

Politische Meinungsbildung

Wie ist es heute in Deutschland? Die Presse ist die sogenannte vierte Gewalt. Klingt komisch, bezieht sich aber auf das Grundprinzip der Gewaltenteilung: Die Legislative, die Exekutive und die Judikative sind die ersten drei Gewalten. Die Presse soll als vierte Gewalt die ersten drei kontrollieren. Dazu zählt die kritische Berichterstattung, das genaue Hinsehen und Nachfragen: Was passiert in der Politik, in der Verwaltung oder in der Justiz?

So passiert es, dass Journalist:innen immer mal wieder Skandale aufdecken. Nobody is perfect, Fehler passieren, Menschen verschaffen sich Vorteile oder treffen falsche Entscheidungen. Damit solche Vorkommnisse veröffentlicht werden können, sind nach dem Landespressegesetzen Behörden zur Auskunft verpflichtet. Die Arbeit der Presse darf nicht behindert werden, das steht so im Grundgesetz.

Machenschaften aufdecken – mithilfe der Pressefreiheit

Journalismus braucht *›Informanten‹*: Menschen, die Geheimnisse ausplaudern, die Beweismaterial aus der Behörde oder dem Unternehmen hinausschmuggeln. Machenschaften und illegitime Handlungen, die großen Schaden anrichten, können oft nur so aufgedeckt werden. Zum Schutz der Informant:innen gibt es das Zeugnisverweigerungsrecht: Journalist:innen dürfen ihre Quellen geheim halten, sagt die Strafprozessordnung.

Das Aufdecken von Missständen durch einen Geheimnisverrat heißt heute *›Whistleblowing‹*, zu Deutsch *›in eine Pfeife blasen‹* oder *›verpfeifen‹*. Whistleblower *›leaken‹* Papiere, noch so ein englischer Ausdruck für Geheimnisse verraten. Dafür riskieren mutige Menschen den Rauswurf aus dem Job, die Karriere, ihren guten Ruf. Andererseits nutzt es der Gesellschaft. Nach der Aufdeckung der Panamapapers beispielsweise konnten deutsche Finanz- und Strafbehörden Fälle von Steuerhinterziehung, Betrug, Korruption und Geldwäsche verfolgen.

214 000 Briefkastenfirmen wurden entdeckt, die reiche und mächtige Leute benutzen, um Milliardenbeträge an der Steuer vorbeizuschleusen. Etliche Prominente hatten illegal große Geldbeträge im Ausland versteckt. 2019 hat die Europäische Union die *›Whistleblower-Richtlinie‹* erlassen. Dieser Schutz für alle, die Machenschaften aufdecken, sollte bis Dezember 2021 Gesetz in Deutschland werden, aber noch ist nichts passiert.

Pressefreiheit auch für Influencer:innen?

In den sozialen Medien haben sich einige sehr meinungsstarke Personen etabliert. Sie erreichen auf YouTube, Instagram oder TikTok Millionen von Followern. Ihnen geht es um Meinung, meist aber auch nur darum, sich selbst zu inszenieren. Influencer:innen können ihre Reichweite prima zu Geld machen.

Sie können sich an die journalistischen Regeln halten, müssen es aber nicht. Ihre Tätigkeit ist jedoch genauso vom Grundgesetz geschützt, durch die Meinungsfreiheit. Presserecht gilt für sie nicht, viele trennen Tatsachen und Meinung nicht, und erst recht nicht eine Nachricht oder Information von Werbung, wie es im Journalismus sein muss.

»Hey, wie findest du meine geile Handtasche und meine coolen Sneakers?« Auch Influencer:innen müssen ihre Werbung als solche markieren. Das sagt § 5 a Gesetz gegen den unlauteren Wettbewerb. Es wurde im Mai 2022 geändert, nachdem es mehrere Klagen von bekannten Influencerinnen wie Cathy Hummels vor dem Bundesgerichtshof gab und sich eine Gesetzeslücke auftat. Jetzt ist weitgehend klar: Wenn für Werbeaussagen Geld fließt oder die Firma das Produkt quasi als Geschenk zur Verfügung stellt, muss das als Werbung gekennzeichnet werden. Gehört das muntere Treiben der Influencer:innen verboten? Nein, warum denn?! Lass sie machen, denn so ist das liberale System, das Deutschland mit seinem Grundgesetz geschaffen hat.

Politische Meinungsäußerung auf Social Media

Was ist mit den anderen, die politische Meinungen im Internet äußern, vielleicht sogar, indem sie Fake News oder Hass und Hetze in ihren Kommentaren verbreiten? Das sind zunächst Einzelne. Andere stimmen ihnen zu, bestärken ihre Meinung oder verdrehen sie. Der Ton wird rauer, die Ausdrücke krasser. Mehr und mehr steigen ein, liken und teilen. Dies kann eine mediale Hetzjagd auslösen, einen Shitstorm, der sich kaum mehr einfangen lässt. Manchmal sitzen auch schon Bots aus Trollfabriken dahinter. Meinungsäußerung ist schwierig geworden, trotz oder wegen der vielen Kanäle, die dazu benutzt werden können.

Neben den traditionellen Medien wie Zeitungen, Zeitschriften, Fernsehen und Radio ist über das Internet der Meinungsmultiplikator Social Media gewachsen. Bei genauem Hinsehen zeigt sich, dass Facebook, Instagram und WhatsApp zum Meta-Konzern gehören, mit Sitz in den USA, an seiner Spitze Marc Zuckerberg, der Facebook-Gründer. TikTok, bei Jugendlichen wegen seiner lustigen Videoclips besonders beliebt, ist in chinesischer Hand. YouTube gehört zum Google-Konzern.

Der Kurznachrichtendienst Twitter wird besonders von Medienleuten und politisch Aktiven genutzt. Im Herbst 2022 wurde er vom reichsten Mann der Welt, Elon Musk, aufgekauft. Sehr viele User:innen wechselten daraufhin zu Mastodon, eine selbstverwaltete, deutsche Alternative zu Twitter.

Telegram, ein ebenfalls kostenloser Instant-Messaging-Dienst, wurde in Russland entwickelt. Sein Vorteil ist, dass es möglich ist, sehr große Gruppen zu bilden, mit bis zu 250 000 Teilnehmenden. Rechte Gruppierungen nutzen vorzugsweise Telegram, auch zur Verbreitung von Hetze und Verschwörungsmythen.

Wie frei ist die Meinungsfreiheit in Social Media?

Ist es in Deutschland möglich, Internetgiganten zur Achtung der Grundrechte zu verpflichten? Da stand doch was von Grenzen der Meinungsfreiheit in Absatz 2 von Artikel 5? Tatsächlich ist es schwierig, denn das Grundgesetz ist als Abwehrrecht gegen Eingriffe des Staates konzipiert. Es soll Einzelne vor der Übermacht des Staates schützen. Heute jedoch zeigen sich private Digitalunternehmen übermächtig, mit einer auf Profit orientierten Agenda und einer scheinbar großen Verantwortungslosigkeit.

Darf ein privatwirtschaftlich geführtes Unternehmen, noch dazu mit Sitz im Ausland, politisch unliebsame Meinungen in Deutschland zensieren? Was ist nach dessen Maßstäben überhaupt *›politisch unliebsam‹*? Was geht gar nicht? Alles Fragen, auf die das Grundgesetz nur mühsam Antworten hat – die aber gelöst werden müssen, zum Schutz der Demokratie.

Facebook ist zum Medium der mittleren und älteren Generation geworden, während die jüngere Generation das Netzwerk kaum nutzt. Natürlich könnt ihr sagen: ***»Mir doch egal, was da läuft.«*** Aber es ist gut zu wissen, welche undemokratischen Aktivitäten sich damit verbinden können. Der Sturm von Trump-Anhängern auf das US-Kapitol in Washington – das dortige Parlament – am 6. Januar 2021 wurde über Facebook und Twitter organisiert, nachdem sich viele in diesen Netzwerken in ihren Meinungen und Ansichten gegenseitig bestärkt hatten. In manchen Ländern verstehen viele Facebook als das eigentliche Internet. In Äthiopien und Indien wurde auf Facebook massive Hetze gegen Minderheiten beobachtet, in Myanmar führte dies 2017 zur Vertreibung der ethnischen Minderheit der Rohingya und zum Völkermord.

2021 schmuggelte die Facebook-Mitarbeiterin Frances Haugen zahlreiche Dokumente aus dem Konzern. Anhand dessen machte die Whistleblowerin klar, dass es Facebook, das sich inzwischen Meta nennt, vorrangig um Profit geht. Skandalträchtige Postings und meinungsstarke Inhalte bringen die User:innen zum Anklicken und Interagieren. Die Algorithmen reagieren darauf und spülen weitere klickstarke Postings in die Timeline, vorgeblich das, was viele interessiert. Es scheint deshalb oft so, als würde der öffentliche Diskurs von den Social Media Plattformen geprägt.

Es hat sich jedoch bereits gezeigt, dass auf diese Weise extreme, auch antidemokratische Ansichten übermäßig viel Raum erhalten. Abgewogene Meinungen, Stimmen, die versuchen, gegenzuhalten, werden von anderen Nutzer:innen abgekanzelt und mundtot gemacht. Ein falsches Wort – oder auch nur ein falsch verstandener Zusammenhang – kann riesige Empörungswellen auslösen, auf Facebook wie auf Twitter. Einen Shitstorm auszuhalten ist für die Betroffenen eine irrsinnige psychische Belastung. Studien zeigen, dass sehr viele User:innen in den sozialen Netzwerken mitlesen, aber lieber schweigen, bevor sie selbst zur Zielscheibe werden.

Marc Zuckerberg passte es gar nicht, als demokratische Staaten von Facebook verlangten, Kontrollmechanismen einzubauen, um Hass und Hetze zu unterbinden. Er beruft sich auf die in der US-amerikanischen Verfassung beziehungsweise im 1st Amendment verbriefte Meinungsfreiheit. Facebook versteht sich auch nicht als Presseorgan, für das das Presserecht gelten würde. Es entscheidet nach eigener Maßgabe, was es veröffentlicht, seine Algorithmen sind ein großes Geheimnis.

Elon Musk bezeichnet sich als *›free speech absolutist‹* – als Verfechter der Rede- und Meinungsfreiheit. Nach der Übernahme des Kurznachrichtendienstes Twitter hatte er bekannt gegeben, die Meinungsfreiheit *›wieder einführen zu wollen‹*. Twitter hatte vor Jahren mit einem intensiven Community-Management begonnen, mit eigenen, teils recht strengen Richtlinien. Sie stimmten nicht immer mit nationalen Gesetzen überein. Gelöscht wurden Posts, die Hass schüren oder Gewalt androhen oder auch Desinformationen verbreiten, etliche Accounts wurden gesperrt. Es hatte sich jedoch gezeigt: Die Beurteilung ist schwierig, nicht jede Löschung oder Sperrung war ausreichend, einiges auch überzogen.

Elon Musk ließ rechtskonservative bis rechtsradikale Accounts sofort freischalten. Auch der nach dem Sturm aufs Kapitol gesperrte, legal abgewählte frühere US-Präsident Donald Trump wurde nach einer Umfrage auf Twitter im November 2022 wieder zugelassen.

Bleib wachsam

Welcher Information kannst du bei dieser Vielfalt der Informationskanäle vertrauen? Glaube nicht alles, was du liest. Achte auf die Zwischentöne. Informiere dich über die Quelle: wer steckt dahinter? Gibt es überprüfbare Fakten? Höre dir andere Meinungen an, auch außerhalb deiner Community oder deines Freundeskreises. Das ist auf jeden Fall ein guter Rat.

»Als Klassensprecher oder Schulsprecher kann man sich für die Interessen von Schüler:innen starkmachen. Gelegentlich berichtet die Presse, aber man merkt schnell: Die Politik beachtet uns zu wenig. Als Landesschülersprecher hatte ich direkte Gespräche mit der Politik, das war schon besser.«

Aimo Görne (*2005) geht in die 13. Klasse einer Gemeinschaftsschule in Berlin-Charlottenburg. In der 8. Klasse wurde er das erste Mal zum Klassensprecher gewählt, in der 9. Klasse zum Schülersprecher seiner Schule. Seit 2023 ist er Landesschülersprecher und vertritt Berlin in der Bundesschülerkonferenz. Zusammen mit anderen politisch engagierten Jugendlichen organisierte er während der Coronakrise eine Umfrage unter mehr als 16 000 Schüler:innen zu den psychischen Folgen der Lockdowns. Mit der *›Initiative Bildungsgerechtigkeit 2021‹* forderten sie vom Berliner Senat die Aufrechterhaltung der Bildungsstandards auch unter den Bedingungen der Pandemie sowie faire Abschlussprüfungen für alle.

Das Machtwort des Schuldirektors

Schulleiter Karsten Becker hat bisher nur gesagt, dass ihm der Artikel nicht gefällt. Das ist seine Meinung. Sie ist vom Grundgesetz geschützt. Allerdings handelt es sich bei den *›spektakulären Aktionen‹* um Straftaten. Das Festkleben auf dem Asphalt ist eine Behinderung des Straßenverkehrs; die Menschen in den Autos können nicht weiterfahren, das kann als Nötigung bestraft werden. Wer in einem Museum Suppe auf ein Ausstellungsstück wirft, begeht eine Sachbeschädigung, selbst wenn der Schaden an dem wertvollen Bild durch die Glasscheibe gering ist und beseitigt werden kann. Wenn Keanu schreibt: ***»Kommt, lasst uns auch so eine spektakuläre Aktion machen«*** kann das vielleicht als Aufforderung zu einer Straftat gesehen werden. Jedenfalls befürchtet Karsten Becker, dass es so verstanden wird.

Im besten Fall wird der Schulleiter auf ein Machtwort verzichten. Lieber berät er Julie und Keanu: Nehmt den scharfen Ton raus. Lasst es wie ein Gedankenspiel aussehen. Es muss möglich sein, über Mittel und Wege nachzudenken, wie Menschen angesichts der gewaltigen Klimaveränderungen wachgerüttelt werden können. Wenn der Artikel in der Schülerzeitung veröffentlicht wird, kann es passieren, dass sich Eltern so oder so bei der Schulleitung beschweren: ***»Wie konnten Sie das zulassen?«*** Dann muss Karsten Becker die Schülerzeitungsredaktion verteidigen und den Eltern das Grundgesetz erklären: ***»Die Schüler:innen genießen Pressefreiheit. An unserer Schule gibt es keine Zensur.«***

4. Graffiti: Kunst oder Schmiererei? Geschützt vom Grundgesetz, echt jetzt?

Salih und Max haben Farbsprühdosen besorgt. Die Welt soll ihre Graffitis kennenlernen. Auf einem stillgelegten Fabrikgelände wollen sie üben. Mit Schwung landen die ersten Bilder auf dem bröckelnden Putz. Stolz auf ihr Werk sagen sie ihrer Clique Bescheid. »Hey super! Wie habt ihr das gemacht?« Eloy ist begeistert. Marie sieht die Sache kritisch: »Das ist Privatgelände. Das dürft ihr nicht.« »Wieso, hier ist keiner. Voll die Ruine«, verteidigt sich Salih. »Das ist Sachbeschädigung«, warnt Robbi. »Wenn ihr erwischt werdet, wird das fett bestraft.« Max ist überzeugt: »Kunstfreiheit. Ich kann meine Bilder überall hinmalen!«

Freiheit bedeutet, frei und ohne Zwang leben zu können. Freiheit gehört zu den Menschenrechten. Auch das Grundgesetz kennt Freiheits-Grundrechte. Sie sichern unsere Freiheit gegenüber dem Staat. Aber was passiert, wenn meine Freiheit der Freiheit anderer im Weg steht? Mischt sich der Staat dann ein? Das sehen wir gleich. Erst einmal ist wichtig festzuhalten:

Artikel 2 Absatz 1 Grundgesetz wird als *›allgemeines Freiheitsrecht‹* bezeichnet. Es wird in Grundrechtsdiskussionen ziemlich oft genannt. Es enthält eine allgemeine Handlungsfreiheit und ein allgemeines Persönlichkeitsrecht, das mit der Menschenwürde in Artikel 1 Grundgesetz und Artikel 1 der Allgemeinen Menschenrechte zusammenwirkt. In Artikel 2 geht es also um die freie Entfaltung der Persönlichkeit. Das bedeutet, dass wir so sein dürfen, wie wir sind. Wir können tun und lassen, was wir möchten und so leben, wie es uns gefällt.

Grundgesetz für die Bundesrepublik Deutschland

Artikel 2

(1) Jeder hat das Recht auf die freie Entfaltung seiner Persönlichkeit, soweit er nicht die Rechte anderer verletzt und nicht gegen die verfassungsmäßige Ordnung oder das Sittengesetz verstößt.

Als Einschränkungen gelten die Verfassung selbst, das Sittengesetz (ein etwas altmodisches Wort für die moralischen Vorstellungen, wie das gesellschaftliche Zusammenleben funktioniert) und die

Rechte anderer. Die eigene Freiheit endet da, wo die Freiheit anderer beginnt. Du kannst laut Musik hören oder selber musizieren, solange es deine Nachbarn nicht belästigt und ihr Recht auf Nachtruhe stört. Du kannst deine eigenen Wände so viel bemalen, wie du willst. Wenn sie aber jemand anderem gehören, verletzt du das Recht auf Eigentum, und zwar das Eigentum dieser Person.

Wer Graffitis ›*anbringt*‹, genießt den Schutz des Grundgesetzes. Klingt irgendwie krass, wo doch alle wissen, das ist illegal. Aber neben der freien Entfaltung der Persönlichkeit nach Artikel 2 gibt es noch die Meinungsfreiheit nach Artikel 5 Absatz 1. Und weil die meisten der Wandbilder künstlerisch sind, kommt die Kunstfreiheit nach Artikel 5 Absatz 3 noch hinzu. Es gibt ein großes Aber, aber dazu später. Zunächst schauen wir auf die Kunst.

Grundgesetz für die Bundesrepublik Deutschland

Artikel 5

1) Jeder hat das Recht, seine Meinung in Wort, Schrift und Bild frei zu äußern und zu verbreiten und sich aus allgemein zugänglichen Quellen ungehindert zu unterrichten. Die Pressefreiheit und die Freiheit der Berichterstattung durch Rundfunk und Film werden gewährleistet. Eine Zensur findet nicht statt.
(2) Diese Rechte finden ihre Schranken in den Vorschriften der allgemeinen Gesetze, den gesetzlichen Bestimmungen zum Schutze der Jugend und in dem Recht der persönlichen Ehre.
(3) Kunst und Wissenschaft, Forschung und Lehre sind frei. Die Freiheit der Lehre entbindet nicht von der Treue zur Verfassung.

Freiheit der Kunst

Die Nazis hatten radikal die Kunstfreiheit eingeschränkt, um Widerstand auch aus dieser Richtung zu unterdrücken. Sie bezeichneten Kunstwerke, die nicht ihren Vorstellungen entsprachen, als ›*entartete Kunst*‹, Künstler:innen wurden verfolgt, ihre Kunstwerke teils vernichtet – Bilder zerstört, Bücher verbrannt.

Als Antwort auf diese historische Erfahrung garantiert das Grundgesetz größtmögliche Freiheit für künstlerisches Schaffen. Es hält in Artikel 5 Absatz 3 fest, dass die Kunst grundsätzlich frei ist. Dies bedeutet, dass Gemälde, Fotos oder auch Lieder und ähnliche

Kunstwerke nicht vom Staat verboten oder zensiert werden dürfen, weil sie Kritik enthalten oder Tabuthemen behandeln.

Kunst gilt als wichtiger Bestandteil der Demokratie, weil mit ihr Gesellschaftskritik und politische Aussagen ausgedrückt werden können. Aus gutem Grund ist die Kunstfreiheit im Artikel zur Meinungsfreiheit platziert. Der Staat fördert sogar die Kunst. Museen, Theater, und ziemlich oft auch die Produktion von Filmen, alles passiert mit Steuergeldern, die der Staat hierfür einsetzt. Das Prinzip ist klar: Fördern ja, verbieten nein.

Artikel 5 Absatz 3 Grundgesetz schützt also die Kunst. Gemeint ist ein sehr weiter Kunstbegriff. Das Bundesverfassungsgericht beschreibt die künstlerische Betätigung als ***»schöpferische Gestaltung, in der Eindrücke, Erfahrungen, Erlebnisse zu unmittelbarer Anschauung gebracht«*** würden. Ob ein Kunstwerk als schön empfunden wird, als gelungen oder künstlerisch wertvoll, spielt dabei keine Rolle, rechtlich jedenfalls nicht. Die Bewertung von Kunst ist eine Frage des persönlichen Geschmacks. So gesehen ist Graffiti Kunst.

Seit den 1980er Jahren tauchten mehr und mehr Graffitis im Straßenbild auf. Zuerst waren es witzige Sprüche oder politische Parolen. Dann wurden mit der Spraydose Bilder auf Hauswände *›gemalt‹*. Alles wurde immer kunstvoller und mancher Künstler kam mit seinen Grafittis zu Weltruhm, wie Keith Haring in den USA und Banksy in Großbritannien. Auch die Berliner Mauer war auf der Westseite bunt besprüht und bemalt. Auf der anderen Seite: Grafitti in der DDR? Kam vor, aber selten. Die Stasi hatte ihre Aufpasser überall und es gab keine Sprühdosen. Einfache Stifte oder echte Farbe mussten reichen.

Graffiti, das ist die Lust, sich auszutoben, bunte Bilder auf öde Wände zu sprühen, je kunstvoller, desto bester. Einigen reicht es, zu *›taggen‹*, ihr Namenskürzel zu hinterlassen: ***»Schaut, her, ich war das.«***

»Ist das Kunst oder kann das weg?«

Graffitis gefallen nicht allen: ***»Diese Schmierereien gehören bestraft«!***, schimpfen manche. Damit liegen sie irgendwie richtig: Artikel 5 Absatz 2 sagt, für die Kunstfreiheit gibt es Grenzen, genauso wie beim Recht auf freie Entfaltung der Persönlichkeit. Die Grenzen sind die allgemeinen Gesetze und die Rechte der anderen Beteiligten.

Auf der anderen Seite – da wo das Graffiti draufgesprüht worden ist – besteht der Grundrechtsschutz für das Eigentum. Artikel 14 Grundgesetz schützt die, denen die Hauswand gehört, oder das Verkehrsunternehmen, dem der besprühte U-Bahnwaggon gehört. Die einen wie die anderen ärgern sich. Weil sie eine Hauswand ohne ungebetene Verzierungen haben wollen. Oder weil sie die besprühte U-Bahn hässlich finden und aus dem vollgesprühten Fenster niemand etwas sehen kann. Das Übermalen oder Wegputzen kostet Zeit und Geld, und manchmal wird sofort wieder was Neues draufgesprüht. Irgendwie verständlich, der Ärger.

Um ihr Recht auf Eigentum zu schützen, gibt es das Strafrecht: Wer etwas mit voller Absicht kaputt macht, kann dafür bestraft werden. Etwas juristischer ausgedrückt: Wer fremdes Eigentum beschädigt, begeht eine Straftat, die sogenannte Sachbeschädigung nach § 303 Strafgesetzbuch.

Der Strafrechtsparagraf für Sachbeschädigung passte jedoch nicht für Graffitis, als die Justiz Leute bestrafen wollte, die beim Sprayen erwischt worden waren. Die Hauswand stand noch und die besprühte U-Bahn fuhr weiter wie gewohnt. Sie waren nicht zerstört, sie funktionierten noch genauso gut, nur gab es unterschiedliche Ansichten über das Aussehen. Die einen fanden Graffitis scheußlich und riefen nach Strafe für die Missachtung des Privateigentums, die Verunstaltung der Städte und verlangten Entschädigung für die Beseitigung des Vandalismus. Und die anderen sagten: ***»Das ist Kunst.«***

Aus diesem Grund wurde 2005 ein neuer Absatz 2 zu diesem Strafrechtsparagrafen hinzugefügt: ***»Ebenso wird bestraft, wer unbefugt das Erscheinungsbild einer fremden Sache nicht nur unerheblich und nicht nur vorübergehend verändert.«***

In jedem dieser Worte steckt ganz viel Bedeutung. *›Unbefugt‹* heißt im Gegenteil *›befugt‹*: wer eine Erlaubnis oder einen Auftrag zum Bemalen einer Wand hat, wird natürlich nicht bestraft. *›Unerheblich … verändert‹* wäre zum Beispiel, wenn jemand mit einem Coffee to go stolpert und den Becher versehentlich an die Wand knallt. Das ist dann auch keine Straftat. ***»Nicht nur vorübergehend«*** wäre das Bemalen mit Kreide, die sich beim nächsten Regen abwäscht.

Bei Graffiti stehen also die Kunstfreiheit und das Recht auf Eigentum im Konflikt. Die Besonderheit liegt darin, dass die Fläche, auf der die Graffitikunst aufgetragen ist, jemand anderem gehört. Diese Person kann mit ihrem Eigentum machen, was sie will. Also: Weg mit dem störenden Graffiti. Da können sich Graffitikünstler:innen noch so sehr aufregen, dass ihre Kunst nicht respektiert wird. Sie ziehen den Kürzeren, denn wenn sie sich offiziell beklagen, würde ihnen prompt eine Strafanzeige ins Haus flattern – und natürlich eine Rechnung für die Beseitigung ihres Kunstwerkes.

Streetart ganz legal

Grundsätzlich ist, wie wir gesehen haben, das Recht auf freie künstlerische Entfaltung geschützt. Streetart ohne die Beschädigung fremden Eigentums auszuleben klingt wie ein Widerspruch in sich. Aber in vielen Städten gibt es Flächen, die für Graffitikunst freigegeben sind. Da fehlt dann zwar der Kick des Verbotenen. Dafür ist alles legal.

Manchmal wollen Hauseigentümer:innen auch, dass Wandflächen mit gut gemachten Graffitis verziert werden, und beauftragen Streetartists für diese Arbeit. Mit Respekt für deren Kunst kommen dann andere nicht so schnell auf die Idee, ihre Tags drüberzuklatschen oder irgendwas zu sprühen, was nicht so super aussieht.

Das Berliner Südgelände ist ein Biotop auf einer stillgelegten, riesigen Bahnanlage. Mittlerweile ist es ein öffentlicher Park. An einer früheren Gleisauffahrt befindet sich eine Freifläche für Graffiti. Für kleines Geld gibt es eine Spray-Erlaubnis. Wer hier entlangspaziert, bemerkt zuerst den Geruch von frischer Farbe und dann, dass sich von Woche zu Woche die Bilder ändern. Immer sprüht jemand etwas Neues. Das Alte verschwindet. Ähnliche Projekte sind auch in anderen deutschen Städten zu beobachten.

2017 hat in Berlin das *›Urban Nation – Museum for Urban Contempory Art‹* eröffnet. Seine Gründerin, die deutsch-amerikanische Galeristin Yasha Young, hatte in aller Welt Grafittikünstler:innen getroffen und weiß, wie vergänglich ihre Streetart ist. Mit ihrem Museum hat sie ein Archiv geschaffen. Überraschenderweise werden hier nicht die Wände besprüht, sondern Canvas: Auf Leinwand und damit im Verhältnis zu Häuserwänden eher kleinformatigen und sogar gerahmten Bildern verewigen die Künstler:innen Beispiele ihrer Kunst.

Für das Projekt *›One Wall – eine Wand, eine KünstlerIn, eine Botschaft‹* lädt das Urban Nation Künstler:innen ein, auf Berliner Gebäudefassaden monumentale Bilder zu verwirklichen. Das geht dann aber nur legal, mit aufgebauten Gerüsten und sehr viel Farbe. Berlin ist dank dieses Projekts sehr viel bunter geworden. Auch die Fassaden vieler Häuser rund um das Museum in einem Gründerzeithaus im Stadtteil Schöneberg sind auffällig bunt. Wer zum Urban Nation will, sieht sofort: Hier bin ich richtig.

Wie geht es weiter mit Salih und Max?

Was für ein Glück, dass Salih und Max nicht erwischt wurden. Verlassene und verfallene Gebäude gehören meistens irgendeiner Person oder einer Firma. Manchmal kontrollieren Sicherheitsleute, ob da jemand Unfug macht. Vielleicht sollten sich die beiden Freunde bei Jugendzentren umhören, ob die freie Grafitti-Flächen haben. Einige bieten ab und zu Grafitti-Workshops an. Im Berliner Museum Urban Nation gibt es das auch. Oder Salih und Max wechseln ihre Utensilien: Pinsel statt Sprühdose, Leinwand statt Hauswand. Kreativität hat auch auf kleinerem Raum Platz. Eine Alternative wäre: Sie arbeiten digital an ihren künstlerischen Fertigkeiten. Mit illegalen Grafittis andere Leute ärgern muss nicht sein. Oder? Wer erwischt wird, zahlt.

5. Nicht alle können bleiben Grundrecht auf Asyl

Jamie fehlt heute in der Schule. In der großen Pause meldet sich der 17-Jährige per Sprachnachricht: »Wir steigen gleich ins Flugzeug. Meine Familie wird abgeschoben. Ich war noch nie in diesem beschissenen Nigeria. Wünscht mir Glück. Ciao, es geht los.« Große Aufregung in der Klasse: Nico erinnert sich, dass Jamie immer mal erzählt hat, dass es Schwierigkeiten mit dem Ausländeramt gibt, dabei lebt die Familie schon lange in Deutschland. »Jamie spricht nicht mal richtig Yoruba«, sagt Samantha. »Was ist mit dem Abi?«, fragt Hector. »Jamie hat voll die guten Noten. Und jetzt?«

Es gibt sie in allen Schulen: Kinder, die aus ihrem Heimatland geflüchtet sind. Die meisten kamen mit ihren Eltern, einige auch alleine. Anfangs sagen sie nichts, hören nur den für sie fremden Lauten zu, doch bald sprechen sie fließend Deutsch. Kinder lernen neue Sprachen schnell, viel schneller als Erwachsene und auch besser, akzentfrei – wenn alle um sie herum deutsch reden. Die geflüchteten Kinder und Jugendlichen finden in der neuen Klasse Freund:innen und gehören bald einfach dazu.

Wenn sehr viele Menschen gleichzeitig kommen, richten die Schulbehörden Willkommensklassen ein. Die geflüchteten Kinder und Jugendlichen lernen die Grundlagen der deutschen Sprache und werden auf den normalen Schulalltag vorbereitet. So war es, als 2015 viele Familien vor dem Krieg in Syrien flohen, und auch 2022, als Russland die Ukraine angriff und vor allem Mütter mit ihren Kindern nach Deutschland flüchteten.

Andere werden als Kinder von Geflüchteten in Deutschland geboren. Sie kennen die Heimat ihrer Eltern nur aus Erzählungen, sprechen besser Deutsch als die Sprache dieses fremden Landes. Und doch kann es passieren, dass es plötzlich heißt: ***»Ihr müsst gehen.«*** Von jetzt auf gleich: Die Familien werden abgeschoben.

Bei einer Abschiebung haben die Eltern nicht das Recht erhalten, auf Dauer in Deutschland zu bleiben. Das kann allen Geflüchteten passieren. Die Behörden prüfen sehr genau, wer ein Recht hat, hier zu sein, und wer wieder gehen muss. Das fühlt sich oft ungerecht an und ist es manchmal auch. Dann klagen die Betroffenen, es gibt Zigtausende Gerichtsverfahren. Manchmal berichten die Medien, gerade dann, wenn es Unterstützung durch Freund:innen und Bekannte, oder Initiativen wie den Flüchtlingsrat oder eine Kirchengemeinde gibt.

Flucht hat viele Gründe

Menschen fliehen vor Kriegen, weil sie politisch verfolgt werden oder auch aus wirtschaftlicher Not. Menschen auf der Flucht sagen oft, dass ihr Ziel Deutschland ist. Denn Deutschland hat ein besonderes Asylrecht: Artikel 16 a. Es hat eine wechselvolle Geschichte.

Grundgesetz für die Bundesrepublik Deutschland

Artikel 16a

(1) Politisch Verfolgte genießen Asylrecht.

(2) …

Während der Nazizeit wollten viele Menschen aus Deutschland fliehen, politisch Verfolgte und vor allem Juden und Jüdinnen. Doch in fremden Ländern Asyl zu bekommen, war sehr schwer. Wem die Flucht nicht rechtzeitig gelang, drohte Deportation und Ermordung in den Konzentrationslagern wie Auschwitz und Bergen-Belsen. Zum Ende des Krieges und danach kam es zu Flucht und Vertreibung aus den früheren Ostgebieten Deutschlands im heutigen Polen und Tschechien.

Mit Blick auf diese historischen Erfahrungen legten die Vereinten Nationen 1948 in der Allgemeinen Erklärung der Menschenrechte ein individuelles Asylrecht fest: ***»Jeder Mensch hat das Recht, in anderen Ländern vor Verfolgungen Asyl zu suchen und zu genießen.«***

Eigentlich sollten dann alle Staaten entsprechende Regelungen schaffen, das machten nur sehr wenige. Deutschland war eine Ausnahme. Es hatte nach dem Ende des Naziterrors etwas wiedergutzumachen und schrieb ins Grundgesetz den kurzen, knappen Satz: ***»Politisch Verfolgte genießen Asylrecht.«***

Der Parlamentarische Rat wollte damit auch Menschen helfen,

die in den kommenden Jahren noch aus der sowjetischen Besatzungszone in den Westen flüchten wollten. Was genau *›politische Verfolgung‹* meinte, war jedoch nicht näher bestimmt. Dieses Offenlassen führte in den Jahrzehnten danach zu vielen Debatten und dem vergeblichen Versuch, klarere rechtliche Regelungen einzuführen. Artikel 16 a Grundgesetz wurde 1993 geschaffen, mit vielen Detailregelungen. Entscheidender sind die vielen weiteren Gesetze, die das Asylverfahren regeln, auch auf der Ebene der EU. Doch über das Asylrecht wird weiter viel gestritten. Die einen meinen, es werde zu Unrecht ausgenutzt, die anderen finden es unmenschlich, wenn traumatisierte Menschen in ein Land zurückgeschickt werden, wo sie und ihre Kinder schon längst nicht mehr zu Hause sind.

Europa fühlt sich überfordert

Seit den 1950er Jahren sind 2,3 Millionen Menschen aus Gründen von Flucht und Vertreibung nach Deutschland zugewandert, hat das Statistische Bundesamt festgestellt. Gut die Hälfte davon kamen seit 2014. Die EU streitet, wie sie sinnvolle Regelungen schaffen kann, um die Zuflucht von Menschen einzudämmen oder Geflüchtete wenigstens gerecht auf die Länder der EU zu verteilen. Ungarn baute unterdessen einen Grenzzaun. Nahezu täglich sehen wir Fernsehberichte von Menschen, die auf unsicheren Booten versuchen, über das Mittelmeer nach Europa zu gelangen. Hier sind sie oft nicht willkommen.

Es gibt eine steigende Zahl von Angriffen auf Flüchtlingsheime und auch auf Geflüchtete außerhalb der Unterkünfte. Die Städte und Gemeinden schlagen Alarm, weil sich nicht mehr wissen, wie sie die vielen Menschen unterbringen sollen, der Bau von Containerdörfern kostet sehr viel Geld und die Bevölkerung in kleinen Orten ist oft gegen die Errichtung von Sammelunterkünften. Es kommt zu rassistischer Hetze durch Rechtsextreme, die die ablehnende Haltung für ihre Stimmungsmache ausnutzen.

»Ich erlebe in meiner täglichen Arbeit viel zu oft, dass demokratische Institutionen sowie Werte wie Freiheit, Solidarität und Gleichheit aller Menschen von rechts angegriffen werden. Das Bewusstsein für Demokratie muss täglich erstritten und verteidigt werden. Nur so kann eine solidarische und verantwortungsvolle Gesellschaft bestehen.«

Anna Gorskih (*1992) ist in Tomsk, einer Großstadt in Sibirien, Russland, geboren. Als sie 12 Jahre alt war, zogen ihre Eltern mit ihr nach Meißen in Sachsen, wo russland-deutsche Verwandte bereits lebten. Nach der Ankunft in Deutschland war sie über die zahlreichen extrem rechten, rassistischen und neonazistischen Vorfälle schockiert, berichtet Anna Gorskih. Auch habe sie durch ihr Aufwachsen in Armut viele sozialpolitische Versäumnisse hautnah erlebt. Schon in der Schulzeit politisiert, begann sie sich mit 17 Jahren in der Linksjugend zu engagieren, 2013 trat sie in die Partei DIE LINKE ein, 2019 wurde sie in den Sächsischen Landtag gewählt.

Egal unter welchen Umständen eine geflüchtete Familie lebt, ihre Kinder haben ein Recht auf Schulbildung. Mittlerweile können die Kinder von ehemaligen Asylbewerberfamilien selbst über die schwierigen Jahre des Neuanfangs in Deutschland sprechen und schreiben. Ihre Berichte, Bücher und Podcasts geben einen Einblick in eine sonst verschlossene Welt:

Die Eltern von Aminata Touré flohen 1991 nach einem Putsch in Mali, sie ist 1992 in Neumünster geboren. Sie berichtet in ihrer Biografie von den schwierigen Jahren, die sie mit Mutter und Schwestern in einem Asylbewerberheim verbrachte. Seit 2022 ist sie Familienministerin von Schleswig-Holstein.

Saša Stanišićs Eltern flüchteten vor dem Krieg in Bosnien, da war er 14 Jahre alt. Der preisgekrönte Schriftsteller verarbeitete in seinen Büchern die Zeit nach seiner Ankunft in Heidelberg. Vanessa Vu, Redakteurin bei ZEIT online und Podcasterin (Rice and Shine), beschrieb in dem Artikel *›Meine Schrottcontainerkindheit‹* ihre ersten Jahre in einem Asylbewerberheim in Niederbayern, immer in der Ungewissheit, ob die Eltern mit ihr zurück nach Vietnam müssen.

Kommt Jamie zurück?

Damit ist nicht unbedingt zu rechnen. Es kann es sich aber lohnen, ein Gerichtsverfahren in Gang zu setzen. Dafür braucht es viel Unterstützung durch Flüchtlingsinitiativen wie den Flüchtlingsrat oder auch das Engagement der Mitschüler:innen.
Die 15-jährige Bivsi Rana aus Duisburg hatte sehr viel Hilfe von ihren Schulfreund:innen bekommen. Ihr Fall hatte 2017 bundesweit für Empörung gesorgt. Das Mädchen, in Deutschland geboren und aufgewachsen, war aus dem Schulunterricht abgeholt und mit den Eltern nach Nepal abgeschoben worden. Die schockierten Freund:innen hatten zusammen mit ihren Eltern und viel Unterstützung aus Politik und Medien den Protest organisiert und sogar den Petitionsausschuss des Landtages in Düsseldorf eingeschaltet. Zwei Monate nach der Abschiebung konnte Bivsi mit einem Schüleraustauschvisum zurückkehren. Bis zum Schulabschluss durften auch ihre Eltern wieder mit ihr in Deutschland leben.

ICH UND MEIN SOZIALES UMFELD

1. »Das ist doch Meinungsfreiheit?!« Beleidigung im Klassenchat

Im Klassenchat der 9a ist immer viel los. Hausaufgaben, Fußballergebnisse, Tipps für YouTube und TikTok, nachmittags glüht das Smartphone. Irgendwann steht da: »Luca hat sie nicht mehr alle. Der Assi hat voll seinen Eistee über meine Federtasche gekippt«. »Yara, Schnauze«, schreibt Luca zurück, »selber blöd, lässt deinen Kram überall rumliegen.« Kimi mischt sich ein: »Was ist los bei euch?« »Luca ist so ein Dulli«, schimpft Yara weiter. Kimi antwortet: »Ey, jetzt beleidige ihn doch nicht gleich«, woraufhin Yara schreibt »Häh, ist doch Meinungsfreiheit?!«

Hat Yara recht? Ist *›so ein Dulli‹* noch Meinungsfreiheit? Wie viel Meinungsfreiheit ist erlaubt?

Wir können sagen, was wir denken

Artikel 5 Grundgesetz garantiert die Meinungsfreiheit: Dieses Grundrecht schützt die Freiheit, Meinungen frei zu äußern und zu verbreiten. Aber zählt dazu auch die fiese Unterstellung, der wütende Vorwurf, die gemeine Beleidigung – in einem Klassenchat, wo alle mitlesen können?

Grundgesetz für die Bundesrepublik Deutschland

Artikel 5

(1) Jeder hat das Recht, seine Meinung in Wort, Schrift und Bild frei zu äußern und zu verbreiten und sich aus allgemein zugänglichen Quellen ungehindert zu unterrichten. Die Pressefreiheit und die Freiheit der Berichterstattung durch Rundfunk und Film werden gewährleistet. Eine Zensur findet nicht statt.
(2) Diese Rechte finden ihre Schranken in den Vorschriften der allgemeinen Gesetze, den gesetzlichen Bestimmungen zum Schutze der Jugend und in dem Recht der persönlichen Ehre.
(3) Kunst und Wissenschaft, Forschung und Lehre sind frei. Die Freiheit der Lehre entbindet nicht von der Treue zur Verfassung.

Ein wichtiges Grundrecht

Meinungsfreiheit bedeutet: Alle sollen frei sagen dürfen, was sie denken. Der Austausch von Gedanken und Ideen, von Meinungen und Ansichten bringt uns weiter – und im besten Fall auf neue Ideen. Für die Demokratie ist die Diskussion von Meinungen unverzichtbar. Bevor über eine Angelegenheit abgestimmt werden kann, müssen die Lösungen für ein Problem miteinander besprochen werden. Was ist der beste Vorschlag? Was spricht dafür und was dagegen? Im Bundestag gibt es deshalb immer sehr hitzige Debatten.

Schon in der Familie werden wichtige Fragen diskutiert. Zum Beispiel: Wohin sollen wir in den Urlaub fahren? Je älter die Kinder sind, desto mehr können sie über den Familienurlaub mitbestimmen: Strand oder Berge? Paddeln oder Fahrradfahren? In den Ferien sollen alle ihren Spaß haben. Wenn alle ein wenig nachgeben, könnte ein Kompromiss erreicht werden, in diesem Fall zum Beispiel ein Urlaub an einem See in den Bergen.

Können Kinder genauso wie Eltern ihre Wünsche und Ideen äußern, findet sich gemeinsam eine gute Lösung. Wünsche offen sagen zu dürfen, ist eine Form von Meinungsfreiheit.

In den deutschen Schulen sind Diskussionen quasi Lehrstoff. Die Lehrer:innen stellen Fragen und wollen Meinungen hören. Gerade in Fächern wie Deutsch, Geschichte, Sozialkunde und Politik soll diskutiert werden. Es geht darum, argumentieren zu üben. Wie kann ich meine Meinung begründen, wie kann ich andere von meiner Meinung überzeugen?

In der Politik und in den Medien werden immerzu Meinungen ausgetauscht. Das Für und Wider, das Abwägen von Argumenten gehören zur Meinungsbildung dazu. Politiker:innen müssen Entscheidungen treffen. Da ist es besser, erst alle Ansichten und Aspekte zu hören und keine Meinung zu unterdrücken.

Meinung oder Fakten – was ist was?

Was ist eine Meinung und was ist eine Tatsache? Und wann ist es nur eine Behauptung, schlimmer noch Verdrehung oder Lüge? Wann schlägt die Meinungsäußerung um in Beleidigung?

Ein Fakt ist eine Tatsache, die objektiv richtig ist und anhand von Beweisen überprüft werden kann, zum Beispiel ***»Heute scheint die Sonne«*** oder auch ***»Der Klimawandel ist menschengemacht«.*** Fakten stehen fest und sind nicht verhandelbar. Du kannst Fakten interpretieren und deine eigenen Schlüsse daraus ziehen. Falsche Fakten zu verbreiten, kann als Lügen bezeichnet werden.

Meinungen sind subjektiv, das heißt, dass du wegen deiner Perspektive oder deinen Erfahrungen anders über eine Sache denkst als andere Menschen. Im Unterschied zu Fakten gibt es keine falschen oder richtigen Meinungen. Solange deine Äußerung niemand beleidigt oder gegen Gesetze verstößt, wie zum Beispiel zu Gewalt aufruft, ist sie von Artikel 5 des Grundgesetzes geschützt.

Eine Beleidigung hingegen ist die offen geäußerte Missachtung des Gegenübers, mit Schimpfwörtern oder mit Gesten, wie dem ausgestreckten Mittelfinger. Für eine Beleidigung kannst du eine Anzeige erhalten. Beleidigung wie auch Verleumdung oder üble Nachrede sind Straftaten. Hier endet die Meinungsfreiheit.

Wir können nicht alle einer Meinung sein

Zur Meinungsfreiheit gehört, dass andere eine eigene Meinung haben und davon auch nicht abzubringen sind. So schwer es fällt, das ist zu akzeptieren.

Manchmal wird eine Diskussion heftig oder auch aggressiv. Wenn Argumente nicht überzeugen, werden viele im Tonfall laut, bissiger und schärfer. Solange wir das jemand ins Gesicht sagen, achten wir vielleicht noch auf unsere Worte. In der Anonymität des Internets ist die Hemmung jedoch gering, etwas Gemeines zu formulieren. Meinungsäußerungen eskalieren und schlagen in den sozialen Medien um in Hass und Hetze. Hier liegt die Grenze der Meinungsfreiheit: Wenn Worte verletzen, endet die Meinungsfreiheit.

Cybermobbing – Kein Spaß für niemand

In der Schule wird immer irgendwer gemobbt – doof angepöbelt und beleidigt, gehänselt wegen des Aussehens, aus der Gruppe ausgegrenzt und nicht zu Geburtstagen eingeladen. Das war schon immer gemein, aber heute verlagern sich die fiesen Attacken ins Internet. Ein Fünftel aller Jugendlichen erfährt Cybermobbing. Über ihr Handy erhalten sie böse Nachrichten; private Fotos und Videos werden weitergeschickt. ***»Ist doch nur Spaß!«*** Nein, eben nicht. Die Opfer fühlen sich verfolgt und nicht mehr sicher. Auch wenn sie die Schule wechseln, bleiben die Beleidigungen, Fake-Profile und verletzenden Aufnahmen weiter im Netz.

Mittlerweile gibt es viele Tipps – auch im Internet –, wie sich Jugendliche wehren können. Die Fernsehsendungen Logo und Kika haben super viele Ideen und Informationen online gestellt. Ehemals Betroffene bieten Hilfe an: Lukas Pohland hat mit 14 Jahren eine Online-Beratung für Jugendliche gegründet: www.cybermobbing-hilfe. Lijana Kaggwa nutzt ihre Bekanntheit als ehemalige GNTM-Finalistin und gibt Workshops in Schulen.

»Es liegt an uns allen, den Respekt im Netz wieder aufzubauen. Diskutieren heißt auch zuhören, auf Argumente eingehen, fragen und sachlich bleiben. Wir sollten uns alle jedes Mal hinterfragen, ob eine scharfe Kritik wirklich notwendig ist.«

Lijana Kaggwa (*1996) war 2020 Kandidatin bei Germany's Next Topmodel. Während der Ausstrahlung merkte sie, dass sie durch den Zusammenschnitt als *›Quotenzicke‹* inszeniert worden war. Unzählige Hasskommentare im Internet waren die Folge. Vieles davon rassistisch aufgrund ihrer Hautfarbe, Lijanas Vater stammt aus Uganda. Aus Beleidigungen und Beschimpfungen wurden Gewalt- und Morddrohungen. Sie erhielt schließlich Polizeischutz. Im Finale der Live-Show stieg sie unter Protest aus. Lijana Kaggwa wollte kein Opfer sein und sagte dem Hass im Netz den Kampf an. Sie hat den Verein *›Love always wins‹* gegründet, hat das Buch *›Du verdienst den Tod‹* geschrieben, geht in Schulen und gibt Workshops zu Cybermobbing.

Die Meinungsfreiheit hat Grenzen

Ein Freiheitsrecht kann nicht grenzenlos sein. Jede Freiheit geht nur so weit, bis sie die Freiheit eines anderen Menschen einschränkt. Das hat schon der Philosoph Immanuel Kant im 18. Jahrhundert zu Papier gebracht.

»Die Freiheit des Einzelnen endet dort, wo die Freiheit des Anderen beginnt.« Immanuel Kant (1724–1804)

Das Grundgesetz stellt in Artikel 5 Absatz 2 klar, was die Meinungsfreiheit einschränkt: *›Allgemeine Gesetze‹*, *›Gesetzliche Bestimmungen zum Schutze der Jugend‹*, *›Recht der persönlichen Ehre‹*. Das Strafgesetzbuch (StGB) beschreibt, welche Straftaten die Ehre schützen: Beleidigung: § 185 StGB, § 186 StGB Verleumdung, § 187 StGB Üble Nachrede.

Das Bundesverfassungsgericht musste schon sehr oft zu Fragen der Meinungsfreiheit Stellung beziehen, insbesondere zu diesen sogenannten Schranken. Die Beurteilung ist juristisch sehr kompliziert, denn andere Grundrechte sind gleichzeitig zu beachten. Außerdem gibt es auch zu solchen Fragen viele unterschiedliche Meinungen, die das höchste deutsche Gericht bei seiner Urteilsfindung beachtet.

Was ist los im Klassenchat der 9a?

Yara *›genießt‹* Meinungsfreiheit: Sie darf sagen und schreiben, was sie will, das ist schon mal klar. Aber was sie in ihrer Wut schreibt, ist eine Beleidigung. Da stößt ihre Meinungsfreiheit an die Schranke *›Recht der persönlichen Ehre‹*.

Keine Sorge, Yara bekommt keine Strafanzeige wegen Beleidigung nach § 185 StGB. Es war nur ein kleiner Streit. Wenn wir bei jeder Beleidigung die Polizei rufen würden, hätte die sehr viel zu tun. Aber das Grundgesetz spiegelt die ganz normalen Regeln wider, die wir für unseren Alltag haben. Die Botschaft für uns alle ist eindeutig: Du sollst niemanden beleidigen. Pass auf deine Worte auf.

2. »Mach gefälligst Abitur!« Das Grundrecht auf schulische Bildung

> Lina langweilt die Schule. Bis zur 9. Klasse war es ganz o. k. Aber nun der mittlere Schulabschluss, voll ätzend. Dauernd muss sie irgendwas lernen, sinnlose Gedichtinterpretationen schreiben, Exponentialgleichungen lösen. Auch die Mendel'schen Regeln interessieren sie null. Wie lange noch?, fragt sie sich. Das Schulpraktikum im Dentallabor fand sie spannend. Zahnersatz herstellen, das passt, sie bastelt mit Leidenschaft. Das Kleinteilige, das Gründliche, das liegt ihr. Aber ihre Eltern sagen: »Mach erst mal Abitur. Eine Ausbildung kannst du auch danach noch anfangen. Verbau dir nicht deine Zukunft.«

Schule nervt. Die einen mehr, die anderen weniger. Wer kommt schon auf die Idee, dass in-die-Schule-gehen-dürfen ein hart errungenes Recht ist? Dabei steht es so nicht mal als Grundrecht im Grundgesetz.

Erst das Bundesverfassungsgericht hat 2021 ein *›Recht auf schulische Bildung für Kinder und Jugendliche‹* geschaffen. Dann nämlich, als kein Schulbesuch möglich war: während der Corona-Lockdowns. 173 Tage lang gab es Schulschließungen, das Gericht hat eine exakte Zahl recherchieren lassen. Millionen Kinder und Jugendliche konnten vier oder fünf Monate lang keine Schule in Präsenz besuchen.

Doch was genau steht dazu im Grundgesetz? Irgendwas zum Recht des Kindes? Nein! Geregelt ist in Artikel 7 Absatz 1, dass der Staat die Schule organisiert. In Absatz 2 geht es um den Religionsunterricht. Was ist mit Deutsch und Sport und Mathe und Geschichte? Eigenartig.

Grundgesetz für die Bundesrepublik Deutschland

Artikel 7

(1) Das gesamte Schulwesen steht unter der Aufsicht des Staates.
(2) Die Erziehungsberechtigten haben das Recht, über die Teilnahme des Kindes am Religionsunterricht zu bestimmen.

Historisch gesehen lag Bildung und Erziehung bei den Kirchen. Die Weimarer Reichsverfassung wollte das anders regeln und hat die

Schulbildung dem Staat zugeschrieben. Die Idee war: Ein säkularer Staat soll selbst seine Jugend zu demokratischen Bürgern und Bürgerinnen erziehen. Säkular heißt: Die Kirche hat beim Staat nicht mitzureden. Diese Regel hat das Grundgesetz 1949 übernommen und schreibt in Artikel 7 alles Mögliche darüber, wie Schule und Kirche und Religionsunterricht im Verhältnis zueinanderstehen. Der wesentliche Punkt ist das föderale System der Bundesrepublik: Schule ist Ländersache. Und tatsächlich findet sich in den Landesverfassungen etwa von Bayern, Baden-Württemberg oder Nordrhein-Westfalen das gesuchte Recht auf Schule für jedes Kind.

Verfassung für das Land Nordrhein-Westfalen

Artikel 8

(Elternrecht und Schulpflicht)

(1) Jedes Kind hat Anspruch auf Erziehung und Bildung. Das natürliche Recht der Eltern, die Erziehung und Bildung ihrer Kinder zu bestimmen, bildet die Grundlage des Erziehungs- und Schulwesens.

Im zweiten Satz geht es dann gleich um die Eltern. Eigentlich haben die das Recht auf Erziehung, steht so in Artikel 6 Absatz 2 Grundgesetz. Das wird auch respektiert. Trotzdem nimmt sich der Staat heraus, die Schulbildung zu übernehmen und für alle Kinder zur Pflicht zu machen: Mit sechs Jahren muss jedes Kind eingeschult werden und von da an jeden Tag zur Schule gehen, außer in den Ferien. Die Schulpflicht endet erst mit dem 18. Geburtstag bzw. mit der *›Vollzeitschulpflicht‹* nach neun oder zehn Jahren, je nach Bundesland und dem dazugehörigen Schulgesetz. Beim mittleren Schulabschluss sind die meisten 16 oder 17 Jahre alt. Danach gibt es dann keine Schule mehr, oder? Doch, wer eine Ausbildung beginnt, muss zur Berufsschule gehen. Da ist sie wieder, die Schulpflicht bis 18.

Eltern, die ihre Kinder nicht zur Schule schicken, machen sich in Hessen, Hamburg und dem Saarland strafbar, die anderen Bundesländer verhängen ein Bußgeld. Auch Schule schwänzen kann eine Ordnungswidrigkeit sein, wenn das sehr häufig passiert. Eine Form von selbst gewähltem Fernbleiben vom Unterricht praktizierte die weltweite Bewegung *›Fridays for Future‹*. Sie begann 2018, Schüler:innen an jedem Freitag zu Schulstreiks wegen des Klimawandels aufzurufen und organisierte viele Demonstrationen. Ihr Vorbild ist die Schwedin Greta Thunberg, die als Erste freitags streikte, erst allein, dann schlossen sich ihr Hundertausende Kinder und Jugendliche weltweit an. Doch statt über die Ziele von umfassendem und effizientem Klimaschutz zu diskutieren, regten sich Politik und Medien nur darüber auf, dass Kinder und Jugendliche ihre Schulpflicht verletzen.

Schule – wirklich für alle?

Die Schulpflicht gilt für alle Kinder, unabhängig vom rechtlichen Status ihrer Eltern. Deshalb werden auch die Kinder von Geflüchteten zügig einer Schule zugewiesen. Die meisten Bundesländer haben schon 2015/16, als viele Menschen vor dem Krieg in Syrien geflüchtet waren, sogenannte Willkommensklassen eingerichtet. Sie sollen erste Deutschkenntnisse vermitteln und den Übergang in den normalen Schulunterricht vorbereiten. Mit dem Krieg in der Ukraine gibt es wieder Willkommensklassen, denn vor allem Mütter mit Kindern machen sich auf den Weg nach Deutschland. Glücklicherweise lernen Kinder eine komplett fremde Sprache sehr schnell und sehr gut. Das gelingt vor allem, wenn sie mit deutschsprechenden Kindern zusammen sind.

Die Schulpflicht ist auch ein Recht. Kinder mit Behinderungen haben wie alle Kinder das Recht auf eine Schulbildung, die ihren Fähigkeiten und Leistungen entspricht. Früher wurden sie in Sonderschulen unterrichtet. Dann wurden Konzepte zum gemeinsamen Schulbesuch entwickelt: Integration oder Inklusion. Wie genau das laufen kann, regeln die Bundesländer für ihre Schulen. In Inklusionsschulen lernen Kinder mit und ohne Behinderung zusammen. Die Gebäude müssen barrierefrei sein und besonders geschulte Lehrkräfte werden benötigt. Für die Teilnahme am Unterricht in den üblichen Schulen kann es Einzelfallhilfe geben. Das Gute an inklusivem Unterricht ist, dass alle Kinder, egal ob sie eine Behinderung haben oder nicht, individuelle Unterschiede als Vorteil erleben können und Vielfalt als normal.

Ein Blick ins Ausland: Das Menschenrecht auf Schulbildung kann in einigen Ländern aus Gründen von Armut nicht umgesetzt werden. Als Unterstützungsaktion werden deshalb oft Schulen gebaut. Fußballprofi Sadio Mané vom FC Bayern München, *›einer der besten*

Offensivspieler der Welt‹, erinnert sich noch gut an seine Kindheit im Senegal, als er keine Bildung bekam und barfuß gekickt hat. Statt sich selbst teure Sportwagen zu kaufen, finanziert er heute lieber den Bau mehrerer Schulen, auch in seinem Heimatdorf.

In Afghanistan ist seit der neuen Machtübernahme der Taliban im August 2021 Mädchen der Besuch weiterführender Schulen verboten. Im Dezember 2022 untersagte das repressive Regime Frauen auch das Universitätsstudium; sie mussten umgehend die Hörsäle verlassen. Dies ist eine Missachtung fundamentaler Menschenrechte, kritisieren die Vereinten Nationen (UN) und viele Regierungen weltweit.

Apropos Mädchen – wenn wir geschlechtsneutral von *›Kindern‹* sprechen, verlieren wir aus den Augen, dass Mädchen auch in Deutschland über Jahrhunderte bei der Schulbildung benachteiligt wurden. Erst ab 1908 hatten sie Zugang zu Abitur und Studium. Wie schon zuvor erhielten Mädchen aber eher Unterricht in Handarbeiten, Religion und Hauswirtschaft, während Jungen auf eine akademische Laufbahn vorbereitet wurden. Das gilt jedenfalls für die höhere Schulbildung, die gut situierte Familien ihren Kindern verschafften. Ab den 1950er Jahren setzte ganz allmählich ein Umdenken in Bildungsfragen ein. Soziale Benachteiligungen für Arbeiterkinder oder aus der ländlichen Bevölkerung wie auch bei den Mädchen sollten beseitigt werden. Die höheren Mädchenschulen wurden in Gymnasien umgewandelt. Mädchen und Jungen wurden nun gemeinsam unterrichtet. Trotzdem war es in vielen Familien üblich, dass die Töchter mit der mittleren Reife die Schule verlassen mussten. Die Eltern sagten: ***»Du heiratest ja eh.«*** Ihre Brüder durften weiter aufs Gymnasium gehen, selbst wenn die Noten schlechter waren als die der Schwestern. 1965 machten deshalb auch noch doppelt so viele Jungen Abitur, 1975 gab es Gleichstand, heute besuchen mehr Mädchen als Jungen das Gymnasium und auch mehr Mädchen machen Abitur.

Grundrecht auf schulische Bildung

Im März 2020 wurden wegen der Corona-Pandemie bundesweit Schulschließungen beschlossen. Schulen galten als Infektionsherde, weil sich hier Tag für Tag viele Menschen begegnen, über Stunden zusammen sind und möglicherweise den Virus in ihre Familien tragen. Die Politik hoffte, mit den Schulschließungen die Pandemie aufhalten zu können, bis ein Impfstoff gefunden war. Die ersten Tage war es noch lustig. Schulfrei, einfach so, ohne Ferien. Cool! Doch schnell zeigten sich auch die Schattenseiten.

Besorgte Eltern erhoben wegen des Wegfalls von Präsenzunterricht Verfassungsbeschwerden. Das angerufene Bundesverfassungsgericht wollte für seine Beratungen wissen: Was ist dran an Frustration, Depression, Lernrückständen und Bildungslücken aufgrund von Schulschließungen? Wer ist besonders betroffen? Sie fragten den Deutschen Kinderschutzbund, den Berufsverband für Kinder und Jugendpsychiatrie sowie zahlreiche Schüler- und Lehrerverbände. Deren Stellungnahmen hat die Initiative *›Schule bleibt offen‹* online veröffentlicht. Im November 2021 fasste das Bundesverfassungsgericht seinen Beschluss zu vier Verfassungsbeschwerden von Eltern und ihren Kindern gegen die Bundesnotbremse im Frühjahr 2021. Es kam zu einem überraschenden Ergebnis.

Bundesverfassungsgericht
Aus den Leitsätzen zum Beschluss des Ersten Senats vom 19. November 2021
Aus Art. 2 Abs. 1 in Verbindung mit Art. 7 Abs. 1 GG folgt ein Recht der Kinder und Jugendlichen gegenüber dem Staat, ihre Entwicklung zu einer eigenverantwortlichen Persönlichkeit auch in der Gemeinschaft durch schulische Bildung zu unterstützen und zu fördern (Recht auf schulische Bildung).

Das Bundesverfassungsgericht erkannte zum ersten Mal ein eigenes Recht von jungen Menschen auf Bildung an. Es stützte sich dabei auf das Grundrecht der freien Entfaltung der Persönlichkeit: ***»Kinder selbst haben ein aus Art. 2 Abs. 1 GG abgeleitetes, gegen den Staat gerichtetes Recht auf Unterstützung und Förderung bei ihrer Entwicklung zu einer eigenverantwortlichen Persönlichkeit in der sozialen Gemeinschaft.«***

Der Staat müsse es Eltern ermöglichen, ihren Erziehungsauftrag zur Persönlichkeitsentwicklung aus Artikel 6 Absatz 2 Satz 1 GG umzusetzen. Die wichtigste Pflicht folge aus Artikel 7 Absatz 1 Grundgesetz: ***» … fällt dem Staat die Aufgabe zu, ein Schulsystem zu schaffen, das allen Kindern und Jugendlichen gemäß ihren***

Fähigkeiten Zugang zu den dem heutigen gesellschaftlichen Leben entsprechenden Bildungsmöglichkeiten eröffnet.«

Schulen sind also notwendig zur Vermittlung von Lernstoff, damit sich Begabungen entfalten können und Fertigkeiten gelernt werden. Gerade am Schulanfang, wenn es um das Lernen des Lernens geht, sind pädagogische Fachkräfte unverzichtbar, die Schulkinder bräuchten die ›*direkte Interaktion*‹ mit ihren Lehrer:innen – was bei Distanzunterricht nicht möglich ist. Es geht aber auch um soziale Kompetenzen, deshalb die Formulierung der ›*eigenverantwortlichen Persönlichkeit in der sozialen Gemeinschaft*‹, die das Gericht nutzt. Kinder und Jugendliche sollen sich in der Gemeinschaft mit Gleichaltrigen weiterentwickeln können, sie sollen die Möglichkeit erhalten, Freundschaften zu schließen, und nicht nur alleine vor dem Laptop sitzen.

Sollte es je wieder nötig sein, Schulen wegen einer pandemischen Notlage zu schließen, so stellt das Gericht zum Schutz der Schulpflichtigen Bedingungen auf: hohe Inzidenzen, zeitliche Befristungen, altersgemäße Regelungen und effektiver Distanzunterricht.

Alles in allem ist das Recht auf schulische Bildung eine Kombination aus Persönlichkeitsrecht, elterlichem Recht auf Erziehung und staatlichem Bildungsauftrag. Das Bundesverfassungsgericht hat hier also aus dem Grundgesetz ein neues, weitreichendes Grundrecht herausgelesen. Damit hat es eine Lücke geschlossen, die die Mütter und Väter des Grundgesetzes so (noch) nicht sehen konnten. Außerdem bezieht sich das Gericht auf das europa- und völkerrechtlich anerkannte Recht auf Schulbildung, wie es in der UN-Kinderrechtskonvention, der Europäischen Menschenrechtskonvention und der EU-Grundrechtecharta enthalten ist. Interessanterweise hat das Bundesverfassungsgericht in seinem Beschluss auch gleich erklärt, dass das Recht auf schulische Bildung keinen Anspruch auf eine ›*wunschgemäße Gestaltung von Schule*‹ gibt. Klagefreudige Eltern sollen nicht wegen allem und jedem vor Gericht ziehen, sondern den großen bildungspolitischen Spielraum hinnehmen, der den Bundesländern durch das Gesetz gegeben ist.

»In unserer alternden Gesellschaft werden ›die Jungen‹ und ihre Interessen übergangen. Sie dürfen nicht mitbestimmen und haben keine Lobby, und das nicht erst seit der Corona-Pandemie.«

Ananda Klaar (*2003) engagierte sich während ihrer Schulzeit am Bodensee bei Fridays for Future und Black Lives Matter. Die Tochter einer indonesischen Mutter und eines deutschen Vaters trug wütende Slams und politische Texte vor. 2021 wurde die damals 17-Jährige mit einem Artikel in der ZEIT bekannt. In: ***»Zählt nicht länger auf unsere Selbstlosigkeit«*** kritisierte sie die systematische Benachteiligung von Kindern und Jugendlichen während der Pandemie. Neben dem Abitur schrieb Ananda Klaar das Buch: ***»Nehmt uns endlich ernst! Ein Aufschrei gegen die Übermacht der Alten«.***

Ab in den Beruf

Nach der Schule eine Berufsausbildung anfangen oder erst mal studieren? Eltern haben aus den unterschiedlichsten Gründen oft genaue Vorstellungen, was aus ihrem Kind werden soll. Aber Jugendliche haben einen eigenen Willen. Hier reiben sich das elterliche Sorge- und Bestimmungsrecht aus Artikel 6 Grundgesetz mit dem Recht auf freie Entfaltung der Persönlichkeit aus Artikel 2 und das Recht auf freie Berufswahl aus Artikel 12 Grundgesetz.

Grundgesetz für die Bundesrepublik Deutschland

Artikel 12

(1) Alle Deutschen haben das Recht, Beruf, Arbeitsplatz und Ausbildungsstätte frei zu wählen. Die Berufsausübung kann durch Gesetz oder auf Grund eines Gesetzes geregelt werden.

Ab 18 können die Eltern bei Berufsausbildung und Berufswahl nicht mehr mitreden, bei Minderjährigen aber schon. Sie müssen schließlich den Ausbildungsvertrag unterschreiben. Gut ist, wenn Eltern das Selbstbestimmungsrecht ihres Kindes respektieren und ihm beratend zur Seite stehen.

Linas gute Idee für ihren Beruf

Linas Schulfrust ist verständlich. Vielleicht hat sie auch Pech mit einem Lehrer, der öden Unterricht macht. Oder eine Lehrerin, die sie spüren lässt, dass theoretisches Lernen ihr nicht liegt. Dabei hat Lina schon eine Idee, was sie mal werden will: Zahntechnikerin. Wer weiß denn schon mit 16 Jahren so genau, welcher Beruf es sein soll?

Um die Schule bis zum Abschluss durchzuhalten, kann es motivierend sein, genau zu schauen, welche Anforderungen an die gewünschte Ausbildung gestellt werden: Ist ein Abitur notwendig? Muss eine bestimmte Fächerkombination vorliegen oder werden gute Noten vorausgesetzt? Für Zahntechnikerin reicht der mittlere Schulabschluss. In manchen Bundesländern gibt es das Angebot, ein Fachabitur zu machen. Das ist mit praktischen Fächern mehr auf einen künftigen Beruf ausgerichtet statt auf ein akademisches Studium an einer Universität. Mit solch einem Abitur in der Tasche hätte Lina sogar noch die Chance, Zahnärztin zu werden. Das würde auch ihren Eltern gefallen. Die hatten doch gesagt: ***»Verbau dir deine Zukunft nicht!«*** Wenn aber Lina sagt: ***»Schluss mit Schule – ich will eine Ausbildung im Dentallabor machen«,*** dann ist das ihr gutes Recht auf freie Entfaltung ihrer Persönlichkeit.

3. »Mein Zimmer, mein Reich« Recht auf Privatsphäre

An Laurins Zimmertür hängt ein Schild, auf dem steht: »Erwachsene dürfen hier nicht rein!« Seiner Mutter ist das egal. Wenn Laurin in der Schule ist, macht sie sein Bett, räumt frische Wäsche in den Schrank und nimmt benutzte Gläser und Teller mit Essensresten in die Küche mit. »Es macht mich wahnsinnig«, schimpft Laurin, »sie ist dauernd in meinem Zimmer!« »Zeig ihr doch mal das Grundgesetz«, schlägt sein Freund Marcel vor: »In Artikel 13 steht was von der Unverletzlichkeit der Wohnung. Du hast ein Recht auf deine Privatsphäre!«

Grundgesetz für die Bundesrepublik Deutschland

Artikel 13

(1) Die Wohnung ist unverletzlich.

Artikel 13 Grundgesetz schützt den privaten Raum als Rückzugsort. Der Begriff *›Wohnung‹* ist ganz schön ungenau. Gemeint sind tatsächlich alle Räume, die jemand nutzt, ohne dass sie der Allgemeinheit zur Verfügung stehen. Also sowohl das eigene Zimmer als auch das Baumhaus, das aus Kindertagen noch im Garten steht, oder ein Schuppen mit alten Sofas zum Chillen mit Freund:innen. Für Erwachsene ist es nicht nur die eigene Wohnung, sondern auch das Büro, eine Werkstatt, das Ferienhaus oder Hotelzimmer und alle anderen Räume, wo sie sich privat aufhalten.

Für den privaten Raum gilt, was das Bundesverfassungsgericht sagt: Jeder Mensch hat das Recht, *›in Ruhe gelassen zu werden‹*. Das ist mit dem Wort *›unverletzlich‹* gemeint.

Hier darf der Staat nicht rein

Das Grundrecht in Artikel 13 ist ein sogenanntes Abwehrrecht. Es sagt: Der Staat muss draußen bleiben und darf nicht einfach reinmarschieren und kontrollieren, was die Menschen in ihrer Wohnung machen. Das wird deutlich im zweiten Absatz:

Grundgesetz für die Bundesrepublik Deutschland

Artikel 13

(2) Durchsuchungen dürfen nur durch den Richter, bei Gefahr im Verzuge auch durch die in den Gesetzen vorgesehenen anderen Organe angeordnet und nur in der dort vorgeschriebenen Form durchgeführt werden.

Aus Fernsehkrimis kennen wir das: ***»Haben Sie einen Durchsuchungsbeschluss? Sonst kommen Sie hier nicht rein!«*** Zack, knallt der Typ im schmuddeligen Unterhemd die Wohnungstür zu. Oder die Kommissar:innen halten dem Beschuldigten ein Papier vor die Nase und schon geht das Durchwühlen von Schubladen und Schränken los. Das ist nur erlaubt, wenn Verdacht auf eine Straftat besteht. Ein Gericht muss zuerst prüfen, ob es genügend Anhaltspunkte dafür gibt und ob die Durchsuchung der Wohnung wichtige Erkenntnisse erbringen könnte. Oder es besteht *›Gefahr im Verzug‹*. Die Polizei darf reingehen, wenn sie befürchtet, dass noch mehr passiert, wenn sie nicht schnell genug handelt.

Das Bedürfnis nach Sicherheit

Um Artikel 13 Grundgesetz gab es in den 1990er Jahren eine heftige Debatte unter dem blumigen Namen *›Lauschangriff‹*. Heimlich montierte Kameras und Mikrofone machen es technisch möglich, Menschen in ihrem privaten Umfeld zu beobachten und ihre Gespräche mitzuhören. Nach dem Wortlaut des Grundgesetzes ist dies verfassungswidrig. Dagegen wurde argumentiert, gegen das *›organisierte Verbrechen‹* wäre es wichtig, frühzeitig zu erfahren, ob Pläne für Straftaten geschmiedet würden.

Dann kam der 11. September 2001: Zwei Flugzeuge flogen in die Hochhäuser des World Trade Centers in New York, eines stürzte auf das Pentagon, der Sitz des US-amerikanischen Verteidigungsministeriums. Am Steuer der entführten Maschinen saßen Männer, die jahrelang in Deutschland als ausländische Studenten gelebt und den Anschlag im Auftrag der islamistischen Terrororganisation Al-Qaida vorbereitet hatten. Wäre es möglich gewesen, diese Selbstmordattentate mit ihren weltumspannenden Konsequenzen durch Belauschen ihrer Treffen in einer Hamburger Wohnung zu verhindern?

Als Folge von 9/11 suchten Regierung und Bundestag die Schwachstellen der Gesetzgebung und verschärften viele Kontrollmöglichkeiten. Immer wieder überprüfte das Bundesverfassungsgericht einzelne Gesetze, manches verwarf es als verfassungswidrig, anderem stimmte es zu. Dabei hat es die schwierige Aufgabe, zwischen dem Schutz der Grundrechte, die für Deutschland einen liberalen Rechtsstaat vorsehen, und dem Bedürfnis nach Sicherheit und Kontrolle abzuwägen. Ein Polizeistaat wäre das Letzte, das passt nicht zu der Staatsform der Bundesrepublik Deutschland, wie wir sie in den 75 Jahren Grundgesetz zu schätzen gelernt haben.

2004 segnete das Bundesverfassungsgericht schließlich die Ergänzungen von Artikel 13 ab. Zwei Richterinnen waren damit nicht einverstanden und veröffentlichten ihre abweichende Meinung. Der neugefasste Artikel 13 verletze die Menschenwürde, schrieben sie. Gerade weil die heutigen technischen Möglichkeiten grenzenlos jede Bewegung und jede Form von Kommunikation aufzeichnen können, sei die Privatwohnung der letzte Zufluchtsort für die Freiheit der eigenen Gedanken. Er ist absolut schützenswert.

Das Recht auf Privatsphäre – auch für Laurin?

Was bedeutet das nun für Laurin und seine Mutter? Sie ist nicht die Polizei und hoffentlich schnüffelt sie wirklich nicht in seinen Sachen herum. Vermutlich will sie einfach nur mütterlich für ihn sorgen, damit er sich in seinem aufgeräumten Zimmer wohlfühlen kann. Das Grundgesetz schützt vor dem Zugriff des Staates, aber nicht vor der Kontrolle durch die Eltern. Laurin kann also nicht sagen, hör mal, hier ist das Grundgesetz, bleib weg aus meinem Zimmer. Aber die Richtung stimmt. Es geht ja auch um Laurins Menschenwürde. Ein Minderjähriger hat zweifellos ein Recht auf Privatsphäre. Müssen Eltern bei einem Kleinkind regelmäßig das Kinderzimmer aufräumen, wird dies mit jedem Geburtstag mehr und mehr zu seiner Aufgabe. Sieht es chaotisch aus, geht das die Eltern irgendwann nichts mehr an. Wann das so weit ist, ist Verhandlungssache. Wenn erst mal ein ›*Betreten verboten*‹-Schild an der Tür hängt, ist es vielleicht eine gute Idee zu versprechen, unaufgefordert schmutziges Geschirr rauszutragen, ab und zu staubzusaugen und auch mal selbst das Bett frisch zu beziehen.

4. Tagebücher und andere Geheimnisse Schutz der privaten Kommunikation

Kendra hat zum Geburtstag ein Tagebuch mit Vorhängeschloss geschenkt bekommen. Sie liebt es sehr. Regelmäßig schreibt sie ihre geheimsten Gedanken und Gefühle hinein. Eines Morgens in der Schule fällt ihr ein: sie hat vergessen, das Tagebuch abzuschließen. Am Abendbrottisch platzt ihre kleine Schwester Nele mit der Neuigkeit raus: »Kendra ist verliebt!« »Du Mistkröte«, poltert Kendra los, »du hast mein Tagebuch gelesen.« »So ein Quatsch«, streitet Nele alles ab. »Hey, es gilt das Briefgeheimnis«, sagt daraufhin ihr Vater: »Nele, du sollst nicht herumschnüffeln. Und Kendra: pass besser auf dein Tagebuch auf!« Nele verteidigt sich: »Ein Tagebuch ist kein Brief!«

Kendras kleine Schwester hat recht. Ein Tagebuch ist kein Brief. Trotzdem hat sie einen Fehler gemacht. Ein Tagebuch ist etwas ganz Privates und nicht für fremde Personen bestimmt und schon gar nicht für neugierige kleine Schwestern. Ein Tagebuch muss nicht mal ein Vorhängeschloss haben. Es darf herumliegen und trotzdem darf niemand anderes darin herumblättern und schmökern. Eine Sicherung macht aber klar: Du sollst das nicht lesen, das ist meins! So wie ein verschlossener Brief, für den das Briefgeheimnis gilt.

Grundgesetz für die Bundesrepublik Deutschland

Artikel 10

(1) Das Briefgeheimnis sowie das Post- und Fernmeldegeheimnis sind unverletzlich.

Das Grundgesetz hat in Artikel 10 das Briefgeheimnis ausdrücklich geschützt, das meint das altmodische Wort *›unverletzlich‹*. Das Bundesverfassungsgericht spricht von der *›Unbefangenheit‹* der privaten Kommunikation. Wir sollen uns unbeobachtet miteinander unterhalten, unsere Ideen und Gedanken austauschen können, mündlich wie schriftlich. Zu diesem Schutz der Privatsphäre zählt auch das Selbstgespräch. Genau das ist ein Tagebuch, nur eben in Schriftform. Es geht andere nichts an, was drinsteht.

Das Briefgeheimnis – irgendwie altmodisch

Artikel 10 schützt alles, was mit der Post verschickt wird: Briefe, Postkarten und Päckchen. Das kommt aus einer Zeit, als das Internet noch nicht erfunden war. Wie sich Artikel 10 auf moderne Kommunikation auswirkt, dazu später. Zunächst einmal sprechen wir über alles, was in Papierform verschickt wird, das passiert ja immer noch.

Ein Brief darf nur von der Person geöffnet werden, deren Name auf dem Briefumschlag steht. Auch eine Postkarte darf nicht von anderen gelesen werden, obwohl sie keinen schützenden Briefumschlag hat. Pakete und Päckchen darf nur auspacken, wer …? Schon klar, oder?

Die Eltern dürfen die Post ihrer Kinder nicht öffnen, egal wie alt die Kinder sind. Das gilt für alle in der Familie, auch für Geschwister. Sogar die beste Freundin darf es nicht. Und natürlich auch Lehrer:innen oder Betreuer:innen in einer Jugend-WG nicht. Na ja, selbst lesen können ist wichtig. Bei jüngeren Kindern ist es deshalb o. k., wenn die Eltern den Brief von der Sparkasse öffnen und lesen. Kommt er vom Opa oder von der Freundin, sollte das Kind den Brief wenigstens selber öffnen dürfen, bevor ihm alles vorgelesen wird.

Ist ein Brief erst mal geöffnet und liegt herum, darf er immer noch nicht von Fremden gelesen werden. Genau dasselbe gilt bei der Postkarte, einfach umdrehen und mal schauen, ist nicht! Möchtest du wissen, was da draufsteht, musst du fragen.

Das Postgeheimnis geht noch ein bisschen weiter. Alle, die Post befördern, sei es beim Einsammeln, beim Verteilen im Briefzentrum der Deutschen Post oder beim Austragen und Einstecken in den Briefkasten – niemand darf die Briefe öffnen und die Postkarten lesen. Neugier verboten! Ob es Post vom Finanzamt gibt, aus einer Jugendstrafanstalt oder ob der Umschlag ahnen lässt, dass es ein Liebesbrief sein könnte, das geht niemanden etwas an. Der Postbote oder die Postbotin, sie müssen schweigen. Sie dürfen auch den Nachbarn beim Schwätzchen im Hausflur nicht erzählen, wer von wem Post erhält. Das gilt so natürlich auch für private Postzustellungen, etwa Botendienste auf schnellen Fahrrädern. Ist ein

Paket bei der neugierigen Mieterin von gegenüber gelandet, hat sie der Inhalt genauso wenig zu interessieren.

Das Öffnen von Briefen kann logischerweise anderen erlaubt werden. Kommt ein wichtiger Brief für dich an, wenn du nicht da bist, vielleicht eine Nachricht, ob es mit dem Ausbildungsplatz geklappt hat, kannst du andere bitten, den Brief für dich zu öffnen. Du willst vermutlich schnell wissen, was drinsteht.

Das ist zwar alles richtig, aber mit dem Grundgesetz hat das eher weniger zu tun. Das Briefgeheimnis in Artikel 10 Grundgesetz schützt uns eigentlich vor dem Zugriff des Staates. Es ist ein sogenanntes Abwehrrecht. Bis 1998 war die Deutsche Post und mit ihr auch das Telefon staatlich, es gab sogar ein Bundespostministerium. Postbeamt:innen waren im Staatsdienst und mussten staatliche Aufgaben erledigen. Denen konnte im Prinzip die Weisung erteilt werden: Ihr müsst mal die Post von Herrn X mitlesen oder die Telefonate von Frau Y mithören. In einer Diktatur wie unter den Nazis und auch in der DDR war Briefeschreiben und auch Telefonieren für Leute gefährlich, die sich gegen diese Systeme auflehnten. Der Post war nicht zu trauen. Bei der Formulierung des Grundgesetzes war es deshalb wichtig, das Brief- und Postgeheimnis als Grundrecht zu sichern. Nur aus ganz wichtigen Gründen darf die private Kommunikation vom Staat kontrolliert werden.

Das Briefgeheimnis gilt trotzdem für uns alle. Es wird durch das Strafrecht geschützt. Wer fremde Briefe liest, begeht eine Straftat, die eine Geldstrafe oder sogar eine Freiheitsstrafe nach sich ziehen kann, § 202 Strafgesetzbuch. Diese Strafandrohung wirkt recht gut, denn jede:r weiß, dass es das Briefgeheimnis gibt. Es kommt nur sehr selten zur Anzeige, jedenfalls unter Privatleuten. Da gibt es eher Streit wegen der Schnüffelei, und es reicht zu sagen: ***»Das ist strafbar! Mach das nie wieder!«*** Seitdem die Deutsche Post privatisiert wurde und Briefe und Päckchen auch von privatwirtschaftlich organisierten Zustelldiensten zu uns gebracht werden, gilt für sie das Strafrecht. Es bleibt dabei: Briefe dürfen nicht gelesen werden. Das Briefgeheimnis muss gewahrt werden.

Das Fernmeldegeheimnis – noch ein altmodischer Begriff

Wer schreibt heute noch Briefe? Die meiste Kommunikation läuft digital. Das alte ›*Brief*‹-Geheimnis gilt zwar auch für diese Übertragungswege. Hier ist es aber viel einfacher, unbemerkt mitzulesen. Wie vertrauenswürdig sind die Unternehmen, über deren Server die Verschickung der E-Mails läuft? Klappt es wirklich mit der Eins-zu-Eins-Verschlüsselung bei Messengerdiensten usw.? Um die private Kommunikation zu schützen, hat der Gesetzgeber mittlerweile einiges im Strafrecht ergänzt.

Außerdem ist die digitale Kommunikation eher ein Fall für das ›*Fernmeldegeheimnis*‹, wegen der ›*Fernkommunikationsmittel*‹, klassisch Telefon und E-Mail, die Kommunikationswege der neuen Medien zählen dann einfach auch dazu.

Grundgesetz für die Bundesrepublik Deutschland

Artikel 10

2) Beschränkungen dürfen nur auf Grund eines Gesetzes angeordnet werden. Dient die Beschränkung dem Schutze der freiheitlichen demokratischen Grundordnung oder des Bestandes oder der Sicherung des Bundes oder eines Landes, so kann das Gesetz bestimmen, dass sie dem Betroffenen nicht mitgeteilt wird und dass an die Stelle des Rechtsweges die Nachprüfung durch von der Volksvertretung bestellte Organe und Hilfsorgane tritt.

Genau da, in Artikel 10 Absatz 2, steht auch, dass der Staat den Schutz der privaten Kommunikation aushebeln darf, nämlich dann, wenn jemand eine Straftat vorbereitet. Es muss aber ein richtig übles Verbrechen sein. Um das Schlimmste zu verhindern, kann es für Polizei und Staatsanwaltschaft wichtig sein, frühzeitig von den Plänen zu erfahren. Weil aber das Brief- und Postgeheimnis durch das Grundgesetz geschützt sind, muss ein Gericht die polizeiliche Maßnahme zuerst erlauben. Dazu müssen die Ermittlungsbehörden ziemlich genau begründen, warum dieser Mensch verdächtigt wird und was sie genau machen wollen: Briefe öffnen, Telefongespräche mithören, SMS und andere elektronisch übermittelte Nachrichten kontrollieren.

Das Recht auf informationelle Selbstbestimmung

Das Grundrecht der unkontrollierten Kommunikation gehört zum Recht auf Meinungsfreiheit und zum Schutz der Privatsphäre. Aber was passiert in den sozialen Medien? Geben wir da nicht schon viel zu viel von uns preis? Im Internetzeitalter sind Daten das neue Gold. Wer wir sind und was wir machen, sogar das, was wir denken, lässt sich in Daten erfassen. Wir sind längst zu gläsernen Menschen geworden. Umso wichtiger ist es, diese Daten zu schützen.

Gehen wir 30 Jahre zurück: Für den 27. April 1983 war in der Bundesrepublik eine Volkszählung angesetzt worden. Ein Überblick über die wirtschaftliche, demografische und soziale Struktur der Gesellschaft sollte politischen Handlungsbedarf erkennbar machen, etwa für den Bau von Straßen oder Wohnungen. Dazu schien es notwendig zu zählen, wie viele Menschen im Land leben, welche Staatsangehörigkeit sie haben, welche Berufe sie ausüben und vieles mehr. Diese Daten sollten mit dem Melderegister verknüpft werden. Erstmals sollten zur Verarbeitung auch Computer eingesetzt werden. Die Vorstellung, zum *›gläsernen Menschen‹* zu werden, löste massive Proteste quer durch die Bevölkerung aus. Boykottaufrufe lauteten etwa: ***»Politiker fragen – Bürger antworten nicht«*** oder ***»Meine Daten gehören mir«.*** Beim Bundesverfassungsgericht gingen zahlreiche Verfassungsbeschwerden ein. Zwei Wochen vor dem Tag der Volkszählung stoppte das Gericht die Erhebung.

Ein dreiviertel Jahr später, am 15. Dezember 1983, erging das berühmt gewordene *›Volkszählungsurteil‹*. Es wird als Meilenstein im Datenschutz gewertet. Das Gericht erkannte zum ersten Mal ein *›Recht auf informationelle Selbstbestimmung‹* an. Aus der Menschenwürde und dem Grundrecht der freien Entfaltung der Persönlichkeit ergebe sich das Recht jedes Menschen, selbst zu entscheiden, wer Daten von ihm erhebt, speichert, verwendet und weitergibt, so die Entscheidung der sieben Richter und einer Richterin.

Aus den Leitsätzen des Bundesverfassungsgerichts zum Volkszählungsurteil vom 15.12.1983

1.) Unter den Bedingungen der modernen Datenverarbeitung wird der Schutz des Einzelnen gegen unbegrenzte Erhebung,

Speicherung, Verwendung und Weitergabe seiner persönlichen Daten von dem allgemeinen Persönlichkeitsrecht des Art.2 Abs. 1 GG in Verbindung mit Art. 1 Abs. 1 GG umfasst. Das Grundrecht gewährleistet insoweit die Befugnis des Einzelnen, grundsätzlich selbst über die Preisgabe und Verwendung seiner persönlichen Daten zu bestimmen.

2.) Einschränkungen dieses Rechts auf *›informationelle Selbstbestimmung‹* sind nur im überwiegenden Allgemeininteresse zulässig. …

Die Datenschutzgrundverordnung

Als ob es die Bedenken und Proteste in den 1980er Jahren nicht gegeben hätten, rücken wir heute jeden Tag freiwillig viele, auch sehr persönliche Daten raus – indem wir Chatnachrichten schicken, uns in sozialen Netzwerken an Diskussionen beteiligen oder online shoppen und Konzerttickets bestellen. Dafür tippen wir unsere Adressen und unser Geburtsdatum mal eben in eine Datenmaske ein, setzen unsere Bankverbindung hinzu und bezahlen digital. Der Gesetzgeber sah sich deshalb verpflichtet, eine gesetzliche Regelung zu schaffen, europaweit einheitlich. Die Europäische Union erarbeitete für ihre Mitgliedstaaten die Datenschutzgrundverordnung; sie gilt seit dem 25. Mai 2018. Abgekürzt heißt sie bei uns DSGVO, international gilt die englische Abkürzung GDPR. Die EU hat damit den höchsten Datenschutzstandard weltweit gesetzt. In den USA beispielsweise gehen die Menschen viel laxer mit ihren Daten um. Sie sehen weniger Gefahren darin als wir.

Die DSGVO ist auch der Grund, warum die nervigen Cookie-Hinweise auf Webseiten hochpoppen. Schnell weg damit, klick, klick. So machen wir es doch alle! Eigentlich wäre es gut, wenn wir uns die Zeit nehmen würden, wirklich mal zu lesen, wofür wir unsere Zustimmung geben. Die DSGVO setzt auf *›den mündigen Bürger, die mündige Bürgerin‹* und fordert maximale Transparenz von denjenigen, die Daten einfordern. Blöd nur, dass das alles so kompliziert und oft unverständlich formuliert ist: Was soll ich hier machen? Was passiert, wenn ich mein Häkchen setze?

Das Internet vergisst nichts, heißt eine der Grundregeln der digitalen Kommunikation. Der Journalist und Comedian Jan Böhmermann machte dies 2018 und 2019 im Neo Magazin Royale auf unterhaltsame Art klar. Seine Redaktion hatte vor der Sendung das Publikum gestalkt und *›peinliche Party-Selfies, totgeglaubte Youtube-Uploads, detailreiche LinkedIn-Lebensläufe‹* aufgetan. So hieß es in der Ankündigung des ZDF zur Sendung *›Lass dich überwachen‹*. Während des Openings, als die Kamera über die Zuschauer:innen schwenkte, verkündete eine Off-Stimme ziemlich bedrohlich: ***»Wir wissen alles über euch!«*** Zutage kamen allerlei Jugendsünden, die dem Internet gutgläubig anvertraut worden waren und über die sich Böhmermann lustig machte. Jahre später waren sie immer noch auffindbar. Autsch!

Wann ist privat privat?

Einige, gerade jüngere Menschen, nutzen Internettools wie ein Tagebuch. Manche teilen in ihren Instagram-Profilen oder auf TikTok höchst private Momente ihres Lebens. Auch das kann als Nutzung des *›informationellen Selbstbestimmungsrechts‹* gesehen werden. Denn es ist eine bewusste Entscheidung, sich so zu offenbaren. Meinungsfreiheit und das Grundrecht auf freie Entfaltung der Persönlichkeit kommen auch hier zum Tragen. Ein echtes Tagebuch ist dagegen für das Selbstgespräch gedacht. Es geht niemanden etwas an und ist vor dem Zugriff anderer zu schützen.

Aus dem Streit gelernt

Zurück zu Nele und Kendra. Die Kleine hat zwei Fehler auf einmal gemacht: Zuerst hat sie im Tagebuch ihrer Schwester gelesen und danach ihr vielleicht wichtigstes Geheimnis ausgeplaudert. Kendra ist zu Recht sauer. Sie hat aber auch ihre Lektion gelernt: Sie sollte immer das Tagebuch abschließen und es am besten an einem supergeheimen Ort verstecken. Sicher ist sicher.

5. Von Patchwork bis Regenbogen Vielfalt der Familienformen

Anneli ist die Neue in der achten Klasse. Die Mädchen sind neugierig und fragen, auf welcher Schule sie vorher war, welche Musik sie mag, ob sie Geschwister hat, wie ihre Familie tickt. »Ich habe zwei Mütter«, sagt Anneli. »Das hätte ich auch gern«, schwärmt Ella: »Zwei Mütter, wie das wohl ist? Darf ich dich mal besuchen?« »Was? Niemand hat zwei Mütter. Das geht gar nicht«, protestiert Carla. »Klar geht das«, sagt Toni. »Ich habe auch eine Mutter, zwei Stiefmütter, drei Väter und ganz viele Omas und Opas.«
Palina sitzt schweigend dabei. Sie denkt an ihre Mutter in Kambodscha, die sie nicht kennt. Eines Tages hat sie ihre Eltern gefragt: Warum sehe ich anders aus als ihr? Da haben sie ihr erzählt, dass sie sie adoptiert haben.
Frau Liesing, die Klassenlehrerin, ist gerade ins Klassenzimmer gekommen und hat die letzten Sätze gehört. »Alle mal hinsetzen! Wir sprechen heute über Vielfalt in der Familie.«

Wenn es um Familie geht, ist Artikel 6 Absatz 1 Grundgesetz der Ausgangspunkt. Die Lebensform Familie ist als Institution geschützt. Rein rechtlich und etwas steif definiert bedeutet der Grundgesetzartikel: Familie darf nicht geschädigt oder beeinträchtigt oder gegenüber anderen Lebensformen schlechter gestellt werden. Sie soll vielmehr durch geeignete Maßnahmen gefördert werden.

Grundgesetz für die Bundesrepublik Deutschland

Artikel 6

(1) Ehe und Familie stehen unter dem besonderen Schutze der staatlichen Ordnung.

Das Grundgesetz schützt also die Familie. Wenn wir die vergangenen Jahrzehnte anschauen, müssen wir jedoch feststellen, dass der Schutz der Familie nicht immer voll gegeben war.

Manche Familien standen außerhalb der gesellschaftlichen Norm und wurden herablassend betrachtet. Schlimmer noch, sie wurden rechtlich benachteiligt. Begründet wurde die unterschiedliche Behandlung ausgerechnet mit Artikel 6. Familie wird im Grundgesetz in einem Atemzug mit Ehe genannt. In der Lebenswirklichkeit gibt es Familien auch ohne Ehe. Aber lange Zeit wurde so getan, als wäre die Grundlage für Familie allein die Ehe zwischen Mann und Frau und müsste besonders geschützt werden. Um gleich zu spoilern: Heute ist vieles besser. Aber das Ziel der völligen Gleichstellung aller Familienformen ist bisher nicht erreicht.

Als das Grundgesetz 1948/49 entstand, gab es das Ideal von Vater, Mutter, Kind: die heilige Kleinfamilie. Die Eltern miteinander verheiratet, mit dem Segen der Kirche, die Kinder in dieser Familie geboren. Ein bürgerliches Familienideal, christlich geprägt. Oder sagen wir ruhig: patriarchal. Der Vater, der alles bestimmt. So festgelegt seit dem 1.1.1900 im Bürgerlichen Gesetzbuch, das – mit Änderungen – bis heute gilt. Seine Regeln hatten während des Kaiserreichs, der Weimarer Zeit und des Dritten Reichs weiterbestanden. Nun aber begann etwas Neues. Das war nicht sofort zu spüren. Aber in den kommenden 75 Jahren sollte sich das Privatleben in Deutschland umfassend wandeln.

Die Lebenswirklichkeit zu Beginn des Grundgesetzes: Nach zwei Weltkriegen lebten in Deutschland 7 Millionen mehr Frauen als Männer, die meisten in der Altersgruppe 22 bis 45 Jahre. Viele waren alleinerziehende Mütter. Die Väter waren im Krieg gefallen oder kamen erst nach langen Jahren der Kriegsgefangenschaft nach Hause.

Andere Familien waren durch die Brutalität der Naziherrschaft auseinandergerissen worden. Manchen Familienmitgliedern war die Flucht ins Ausland gelungen, viele waren in Konzentrationslagern misshandelt, gequält und ermordet worden.

Die 1950er und 60er Jahre waren in der Bundesrepublik davon geprägt, wieder entsprechend der spießigen Vorstellung von Kleinfamilie zu leben. Wer aus der Reihe tanzte, wurde abgestraft. Sex vor der Ehe war verpönt. Wer einem unverheirateten Paar ein Zimmer überließ, etwa zur Untermiete oder im Hotel, machte sich der Kuppelei strafbar. Abtreibung war verboten. Bekam eine Frau ein Kind, ohne verheiratet zu sein, galt dieses Kind als unehelich. Ein Makel für Mutter und Kind mit schwerwiegenden rechtlichen Nachteilen. Der Mutter wurde vom Jugendamt ein Vormund vorgesetzt. Allein für ihr Kind zu sorgen, wurde ihr nicht zugetraut. Der *›Erzeuger‹* genannte Vater musste zwar als *›Zahlvater‹* für das Kind Unterhalt bis zum 16. Lebensjahr leisten. Er hatte jedoch kein Recht auf Kontakt und war rechtlich nicht mit dem Kind verwandt. Starb der Vater, erhielt das uneheliche Kind nichts von seinem Erbe.

Die DDR war in dieser Familienangelegenheit fortschrittlicher als die Bundesrepublik. Im Gesetz über den Mutter- und Kinderschutz von 1950 hieß es: ***»Die nichteheliche Geburt ist kein Makel. Der Mutter eines nichtehelichen Kindes stehen die vollen elterlichen Rechte zu, die nicht durch Einsetzung eines Vormundes geschmälert werden dürfen.«*** Den Unterhalt zahlte, wer als Elternteil dazu wirtschaftlich in der Lage war. Der Vater hatte auch das Recht, sein Kind zu treffen.

In der Bundesrepublik hatte das Grundgesetz von Anfang an den unehelichen Kindern die Gleichstellung mit ehelichen Kindern versprochen. Dies galt jedoch nur als unverbindlicher Programmsatz.

Grundgesetz für die Bundesrepublik Deutschland

Artikel 6

(5) Den unehelichen Kindern sind durch die Gesetzgebung die gleichen Bedingungen für ihre leibliche und seelische Entwicklung und ihre Stellung in der Gesellschaft zu schaffen wie den ehelichen Kindern.

1969 machte das Bundesverfassungsgericht mit Hinweis auf Artikel 6 Absatz 5 der Politik Druck. 1970 wurde das Gesetz über die rechtliche Stellung der nichtehelichen Kinder geschaffen. Das Wort *›unehelich‹* wurde in allen Gesetzen und im rechtlichen Sprachgebrauch gestrichen, nur im Grundgesetz steht das diskriminierende Wort bis heute. Beim Vererben gab es weiter Sonderregelungen, wenn der Vater verheiratet war und er Kinder in dieser Ehe hatte. Diese Ehe und Familie sollte durch *›seinen Fehltritt‹* nicht gestört werden. Das Bundesverfassungsgericht aber ließ nicht locker, denn weitere Verfassungsbeschwerden von nichtehelichen Kindern lagen ihm vor. So forderte es immer wieder eine Gleichstellung ein.

Erst seit der Kindschaftsrechtsreform 1998 werden keine Unterschiede mehr zwischen ehelichen und nichtehelichen Kindern gemacht. Das wirkt sich schon lange positiv aus: Ob ehelich oder nicht, das ist vollkommen egal. Kinder werden nicht mehr gehänselt und ihre Mütter und auch Väter nicht mehr schief angesehen. Das Recht hat geholfen, das Bild von Familie zu ändern.

Das Recht hinkt der Lebenswirklichkeit hinterher

Was wir an den rechtlichen Fragen rund um Familie sehen: Das Recht hat zweierlei Wirkung. Einerseits kann es Lebensverhältnisse gestalten, indem es Regeln vorgibt, zum Beispiel bei der Elternzeit für die Betreuung eines Babys. Andererseits verändern Menschen ihre moralischen Werte und Anschauungen fortlaufend. Insbesondere Deutschland, das sich eine freiheitliche Grundordnung gegeben hat, lässt der individuellen Lebensgestaltung viel Raum. In den vergangenen 75 Jahren hat sich rasant verändert, wie wir Liebe und Leidenschaft, Beziehungen und Familie organisieren. Das Recht kommt gar nicht so schnell hinterher. Immer wieder müssen die Gesetze geändert werden, gerade im Familienrecht muss noch einiges passieren.

Manchmal reicht es, ein überflüssiges Wort aus einem Gesetz zu entfernen, manchmal wird ein Paragraf gestrichen. Oft muss eine neue Regelung her, und gelegentlich stellt ein rechtliches Problem die ganze Systematik auf den Kopf. Hinzu kommt im Gesetzgebungsverfahren, dass in den Debatten des Bundestages konservative auf liberale Wertvorstellungen treffen. Je nach Mehrheitsverhältnissen werden gut gemeinte Gesetzesinitiativen ausgebremst. Das verständliche Ziel ist, einen Kompromiss zu finden, einen guten Mittelweg, der zu allen Menschen in Deutschland und ihren Auffassungen passt. Das gelingt nicht immer und dann muss ein neues Gesetz nochmals geändert werden.

Alles, was es zu Ehe und Familie zu regeln gibt, betrifft sehr unterschiedliche Rechtsbereiche. Grundlegendes findet sich im Bürgerlichen Gesetzbuch: Eheschließung und Scheidung und das dazugehörige Unterhaltsrecht. Auch das Strafrecht spielt eine Rolle.

Unglaublich, aber wahr: Die Vergewaltigung in der Ehe als Straftat zu bewerten, dauerte 25 Jahre. Lange Zeit war der Bundestag männerdominiert und schmetterte immer wieder alle Anträge ab, das Strafrecht entsprechend zu ändern. Übrigens gern mit dem Argument, das Grundgesetz schütze die Ehe. Ab den 1970er Jahren drängte die Frauenbewegung darauf, endlich anzuerkennen, dass Frauen mit der Eheschließung nicht ihr Recht auf Selbstbestimmung abgeben. 1997 taten sich schließlich fraktionsübergreifend weibliche Abgeordnete der SPD, der Grünen und der FDP zu einem Gruppenantrag zusammen. Mit dieser Initiative der Frauen war es endlich möglich, neue Mehrheiten zu finden und das Wort *›außerehelich‹* aus § 177 Strafgesetzbuch zu streichen: »***Wer eine Frau mit Gewalt oder Drohung zum außerehelichen Beischlaf nötigt …***«

Dann gibt es noch das Sozialrecht, also alle Regeln für staatliche finanzielle Unterstützung, wenn das Einkommen nicht reicht. Auch bei der Organisation von Kitaplätzen oder beim Bau von Schulen geht es um die Familienförderung. Der Staat steht in der Pflicht, Menschen zu ermöglich, so miteinander leben zu können, wie es ihr Wunsch ist. Auch das fordert dieser Artikel 6 Grundgesetz ein.

Allerdings ist es der Politik bisher nicht gelungen, die Care-Arbeit – also die Sorge für die Erziehung und Betreuung kleiner Kinder wie auch die Pflege von kranken oder alten Angehörigen – nicht vor allem den Frauen aufzubürden.

Familie ist, wo Kinder sind

Mit der Aufbruchstimmung der 1968er Jahre entstand in der Bundesrepublik ein Widerwille gegen alles Bürgerliche. Zuerst hieß es noch wilde Ehe, dann Ehe ohne Trauschein und schließlich nüchtern: nichteheliche Lebensgemeinschaft. Diese Entwicklung lässt sich aus der Statistik zu den nichtehelich geborenen Kindern ablesen. 1964, als die Geburtenrate besonders hoch lag, betrug der Anteil der nichtehelich Geborenen nur 5,9 Prozent. Viele aus dieser Boomer-Generation erzählen, ihre Eltern mussten heiraten, weil *›ein Kind unterwegs war‹*. Fünf Jahrzehnte später gibt es den Heiratszwang nicht mehr. 2016 war die Zahl der nichtehelichen Geburten auf 35,5 Prozent angestiegen. 2021 pendelte sie sich laut Statistischem Bundesamt auf 32,8 Prozent ein. In den östlichen Bundesländern kommen auch heute noch mehr Kinder nichtehelich zur Welt (2021: 55 Prozent) als im Westen Deutschlands (2021: 29 Prozent).

Heute hält sich das Paarverhalten die Waage: Manche heiraten, weil sie eine Familie gründen wollen. Manche heiraten erst, wenn schon Kinder da sind. Einige mit Kindern heiraten andere Partner:innen, einige heiraten nie. Es gibt auch verheiratete Paare, die keine Kinder haben. Manche Paare heiraten erst im Alter, um sich gegenseitig zu versorgen. Andere sind verheiratet, leben aber nicht in der gleichen Wohnung. Viele Ehen enden durch Scheidung, im Durchschnitt nach etwa 14 Jahren, die Scheidungsrate ist mit etwa einem Drittel recht hoch.

Realistisch betrachtet zeigt sich hieran das Konzept der Lebensabschnittspartnerschaften – für einige Zeit funktioniert die Liebesbeziehung, dann gehen Paare wieder auseinander. Kommen während einer Partnerschaft Kinder zur Welt, entstehen mit dem Wechsel der Partner:innen Patchworkfamilien. Wie sehr die Neuen eine Rolle als Vater oder Mutter übernehmen, ist individuell sehr verschieden.

Das Bundesverfassungsgericht hat sich schon 1973 bei der Familienfrage vom Ehezwang abgewendet. Es erklärte, der Schutz aus Artikel 6 Absatz 1 solle jeder auf natürlicher und rechtlicher Bindung beruhenden Familie zukommen, ***»unabhängig davon, ob eine Ehe ihren Kern bildet«***.

Kinder brauchen Eltern

Manchmal können sich Eltern nicht um ihr Kind kümmern, weil sie sich in einer sehr schwierigen sozialen Lage befinden, krank oder sogar verstorben sind. Dann organisiert das Jugendamt meistens eine neue Familie für das Kind, vorübergehend als Pflege oder dauerhaft mit der Adoption. Beides ist besser als die Kinderheime, wie es sie früher gab. Für Ältere gibt es betreutes Jugendwohnen.

Kinder haben ein Recht darauf, zu erfahren, wer ihre leiblichen Eltern sind. Diese Erkenntnis hat sich noch nicht lange durchgesetzt. Immer wieder berichteten die Medien über Adoptivkinder, die als Erwachsene verzweifelt nach ihren leiblichen Müttern oder auch Vätern suchten. Jugendämter hatten jahrzehntelang nur anonyme Adoptionen durchgeführt. Die Adoption sollte ein Geheimnis bleiben, damit sich das neue Familienleben *›ungestört‹* entwickeln kann.

Besonders schwierig war und ist das bei Auslandsadoptionen, wenn die Kinder anders aussehen, als ihre deutschen Eltern. Oft gibt es quälende Fragen: Warum hat mich meine Mutter weggegeben? Kann ich sie wiederfinden?

Eine weitere schwierige Konstellation ist, wenn Kinder erfahren, dass ihr Vater nicht der leibliche Vater, sondern ein unbekannter Samenspender ist. Heute wird versucht, offener mit der Frage der familiären Herkunft umzugehen, die Kinder nicht mehr zu belügen. Bei der Adoption gibt es zum Beispiel rechtlich die Möglichkeit, sie *›offen‹* durchzuführen: zur abgebenden Mutter bleibt der Kontakt bestehen, in unterschiedlichen Abstufungen, so wie die Beteiligten gut miteinander zurechtkommen.

Bunte Vielfalt der Familienformen

Familie ist auch, wenn nur ein Elternteil mit einem oder mehreren Kindern zusammenlebt. 19 Prozent der acht Millionen Familien mit minderjährigen Kindern waren im Jahr 2021 alleinerziehend. Laut Bundesfamilienministerium leben in neun von zehn Fällen Mütter allein mit ihren Kindern. Alleinerziehende Väter sind die Ausnahme. Einelternfamilien entstehen oft nach einer Trennung oder Scheidung. Ein Drittel aller Alleinerziehenden lebt nach drei Jahren in einer neuen Partnerschaft.

Auch für die Einelternfamilien greift der Schutz des Grundgesetzes – indem Sozialgesetze geschaffen werden. Die meisten Alleinerziehenden wollen ihren Lebensunterhalt selbst erwirtschaften, nicht immer gibt es finanzielle Unterstützung vom abwesenden Elternteil. Für sie ist eine geregelte Kinderbetreuung besonders wichtig, weil es die Erwerbstätigkeit ermöglicht. 38 Prozent aller Alleinerziehenden benötigen staatliche Sozialleistungen, weil sie keine passende Arbeit finden oder das Gehalt bei einer Teilzeittätigkeit nicht ausreicht. Diese Familien sind armutsgefährdet.

Und dann gibt es noch die Regenbogenfamilien. Hier sind die Eltern entweder zwei lesbische Mütter oder zwei schwule Väter. Als weitere Elternkonstellationen können zwei Mütter mit einem schwulen Vater zusammen ein Kind und mit einem anderen ein zweites Kind haben, oder eine lesbische Frau zeugt mit einem

Mann ein Kind, aber sie ist alleinerziehend. Viele weitere Kombinationen sind denkbar.

Manchmal ist ein Elternteil trans: Ein Mann hat mit seiner Ehefrau ein Kind bekommen, lebt jedoch mittlerweile als Transfrau. Oder ein Transmann wird schwanger. Bisher ist es rechtlich nicht möglich, ihn als Vater in die Geburtsurkunde einzutragen. Die Standesämter tragen die Person, die am Ende einer Schwangerschaft das Kind geboren hat, als Mutter ein, mit dem bei der Geschlechtsangleichung abgelegten früheren, weiblichen Namen. Die Rechte transgeschlechtlicher Menschen sind dringend reformbedürftig. Die Politik sucht nach Lösungen.

Wege zur Gleichheit

Artikel 6 Grundgesetz diente lange Zeit als Argument schlechthin, um Lesben und Schwulen eine rechtliche Absicherung ihrer Partnerschaften zu verweigern. Die Ehe sei die Verbindung von Mann und Frau und auf die Gründung einer Familie ausgerichtet, so das Standardargument konservativer Parteien.

Dänemark führte bereits 1989 als das erstes Land weltweit die Eingetragene Lebenspartnerschaft ein, als rechtliche Absicherung für gleichgeschlechtliche Paare. Deutschland hatte da noch einen weiten, recht steinigen Weg zu gehen. 2001 gelang es unter der rot-grünen Bundesregierung, ein Lebenspartnerschaftsgesetz zu verabschieden, es trat am 1. August 2001 in Kraft. Prompt zogen die unionsgeführten Bundesländer Bayern, Sachsen und Thüringen vor das Bundesverfassungsgericht: Die Ehe sei so einzigartig. Wegen des Schutzes aus Artikel 6 Grundgesetz dürfe kein Rechtsinstitut eingeführt werden, das so ähnlich wie eine Ehe sei. Das Gericht aber erklärte in seiner grundlegenden Entscheidung von 2002: Die Lebenspartnerschaft sei keine Gefahr für die Ehe, die bisher als Gemeinschaft von verschiedengeschlechtlichen Partnern gesehen wurde. Verfassungsrechtlich gebe es keine Gründe, die Lebensgemeinschaften von gleichgeschlechtlichen Paaren rechtlich anders als die Ehe zu gestalten und ihnen weniger Rechte zu geben.

Die Möglichkeit der Verpartnerung nutzten viele lesbische und schwule Paare umgehend. Teilweise hatten sie viele Jahre lang auf die rechtliche Anerkennung ihrer Lebensgemeinschaften gewartet.

Trotzdem: Das Ziel war noch nicht erreicht. Immer wieder zogen verpartnerte Paare bis vor das Bundesverfassungsgericht, klagten wegen Ungleichbehandlung unter anderem beim Ehegattensplitting, beim Erbschaftssteuerrecht oder beim beamtenrechtlichen Familienzuschlag. Zunächst wenig erfolgreich, bis das Gericht 2009 seine Argumentation änderte. Es erkannte an, dass sowohl Ehe als auch eingetragene Lebenspartnerschaften auf ***»auf Dauer angelegte, rechtlich verfestigte Formen von Partnerschaft«*** sind.

Mit Blick auf das Gleichbehandlungsgebot von Artikel 3 Absatz 1 Grundgesetz forderte es: ***»Wer ungleich behandeln will, muss das mit sachlichen Gründen rechtfertigen.«*** Da kamen einige in Erklärungsnot.

Fünf Tage im Juni

Wie viel einfacher wäre es doch, endlich richtig heiraten zu können? 2017 sah die gesellschaftliche Stimmung kaum mehr Unterschiede zwischen heterosexuellen und homosexuellen Partnerschaften. Doch sämtliche Gesetzgebungsvorschläge der Oppositionsparteien zur Eheöffnung wurden sage und schreibe 30 mal vom Rechtsausschuss im Bundestag vertagt, es bestünde noch *›Beratungsbedarf‹*. Die CDU/CSU-Fraktion mauerte. Im Juni ging die Legislaturperiode ihrem Ende zu, im September stand die Bundestagswahl an. Am 26. Juni war Bundeskanzlerin Angela Merkel (CDU) zu einer Podiumsdiskussion der Zeitschrift Brigitte eingeladen. Auf eine Frage aus dem Publikum überraschte sie mit der Antwort: Bei der Eheöffnung solle es ***»eher in eine Richtung Gewissenfrage gehen«.***

Für Abgeordnete war dies ein klares Signal: Der Fraktionszwang ist aufgehoben, niemand ist verpflichtet, so abzustimmen, wie es die Fraktion will. Es kommt allein auf die eigene Entscheidung zu dieser Frage an, also eine Gewissensfrage, wie es die Kanzlerin formuliert hat. Fünf Tage Zeit blieben in der allerletzten Sitzungswoche, die Abstimmung vorzubereiten. Nach einer hoch emotionalen Bundestagsdebatte am Freitagmorgen, 30. Juni 2017, war das Ergebnis überwältigend: Der Gesetzentwurf erhielt 393 Ja-Stimmen, 226 Nein-Stimmen, 4 Enthaltungen und 7 Stimmen, die nicht abgegeben wurden: ***»Konfetti im Hohen Haus für die ›Ehe für Alle‹«.***

§ 1353 BGB bestimmte bis dahin: ***»Die Ehe wird auf Lebenszeit geschlossen.«*** Nun also gab es ein neues Verständnis für das Wort Ehe. Damit niemand auf die Idee kommt, sie wieder nur als Bund fürs Leben von Mann und Frau zu verstehen, wurde der Paragraf um eine eindeutige Formulierung ergänzt:

Bürgerliches Gesetzbuch (BGB)
§ 1353 Eheliche Lebensgemeinschaft
(1) Die Ehe wird von zwei Personen verschiedenen oder gleichen Geschlechts auf Lebenszeit geschlossen.

Was zum Familienglück noch fehlt

So überraschend schnell die *›Ehe für Alle‹* kam, so unvollständig ist die Rechtssituation der Kinder in den Regenbogenfamilien. Das Problem ist die Pflicht zur *›Stiefkindadoption‹*. Sie wird auch *›Sukzessivadoption‹* genannt: Ein Wunschkind, das in einer lesbischen Ehe geboren wird, muss von der nichtleiblichen Mutter adoptiert werden. Dazu muss das Elternpaar ein komplettes Adoptionsverfahren durchlaufen, mit Prüfung der Einkommens- und Wohnverhältnisse und vielen intimen Fragen. Solange gilt die leibliche Mutter trotz Ehe als alleinerziehend und das Kind hat keine rechtliche Beziehung zur zweiten Mutter, mit der es doch eigentlich aufwächst.

In heterosexuellen Ehen dagegen wird der Ehemann automatisch als Vater anerkannt, selbst wenn er es biologisch nicht ist. Und kein Jugendamt kommt und prüft, in welche Verhältnisse das Kind hineingeboren wird. Inzwischen gibt es wegen der diskriminierenden Praxis der *›Stiefkindadoption‹* sechs Verfassungsbeschwerden beim Bundesverfassungsgericht. Die amtierende Ampelregierung hat im Koalitionsvertrag eine Änderung des Abstammungsrechts versprochen. Es ist alles in allem ziemlich komplex, und es wird nicht einfach werden, den veränderten Familienstrukturen besser gerecht zu werden.

»Es hat überhaupt nichts mit der sexuellen Orientierung der Eltern zu tun, ob ein Kind glücklich ist oder gut erzogen. Ich bin happy, dass es mich gibt, und ich zwei liebende Eltern habe.«

Malte Czarnetzki (*1994) ist in einem schwäbischen Dorf in einer Regenbogenfamilie aufgewachsen. Er hat einen Zwillingsbruder und einen jüngeren Bruder. Seine Mütter, berichtet er, haben sie schon früh und kindgerecht darüber aufgeklärt, dass sie durch eine Samenspende gezeugt wurden. Den Samenspender kennt er nicht. Was für ihn zählt, ist seine Familie, in der er groß geworden ist. Er empfiehlt allen Eltern ehrlich zu sein: ***»Wenn man Kindern so elementare Punkte wie die -Herkunft verheimlicht, fühlen sie sich später betrogen«.*** Malte will Kritik an homosexuellen Familien klarstellen und hat viele Interviews gegeben, auch schon als Jugendlicher im Fernsehen. Heute ist er Assistenzarzt und hat eine Freundin.

Geht nicht, gibt's nicht

Eines haben wir bei den Regenbogenfamilien noch nicht geklärt: Wie kann es sein, dass zwei Mütter zusammen Kinder bekommen? Rein biologisch ist es nicht ohne Mann machbar, aber so geht's: Manche Kinder stammen aus vorhergehenden heterosexuellen Beziehungen. Bei den meisten kommen Schwangerschaften durch Samenspenden zustande. Mal spendet ein Freund seinen Samen. Manchmal gründen Schwule und Lesben auch zusammen eine Familie. Mal sind es Unbekannte und die Samenspende kommt aus einer Samenbank. Außerdem gibt es Pflegekinder, manche werden adoptiert, eine Möglichkeit, die vor allem schwule Paare nutzen. Übrigens: Kinder aus Regenbogenfamilien nach ihrer Entstehung zu fragen, geht gar nicht. Diese Frage ist sehr persönlich.

So viel bunte Vielfalt

Zurück zu Frau Liesing und ihrer achten Klasse. Eine einzige Unterrichtsstunde haben zur Vermittlung so vieler Informationen nicht gereicht. Trotzdem konnte die Lehrerin bestimmt die wichtigsten Fragen klären: Anneli hat eine Regenbogenfamilie. Carla hat verstanden, dass auch zwei Frauen miteinander Kinder bekommen können. Andere Kinder in der Klasse leben mit ihrem Vater und ihrer Mutter zusammen, manche sind Adoptiv- oder Pflegekinder, bei einigen sind die Eltern getrennt oder haben sich, wie bei Toni, neu verliebt. Ihre Geschwister in der Patchworkfamilie haben unterschiedliche Mütter und Väter und dementsprechend viele Großeltern. So viel bunte Vielfalt gibt es heute im Leben von Familien.

ICH UND MEIN KÖRPER

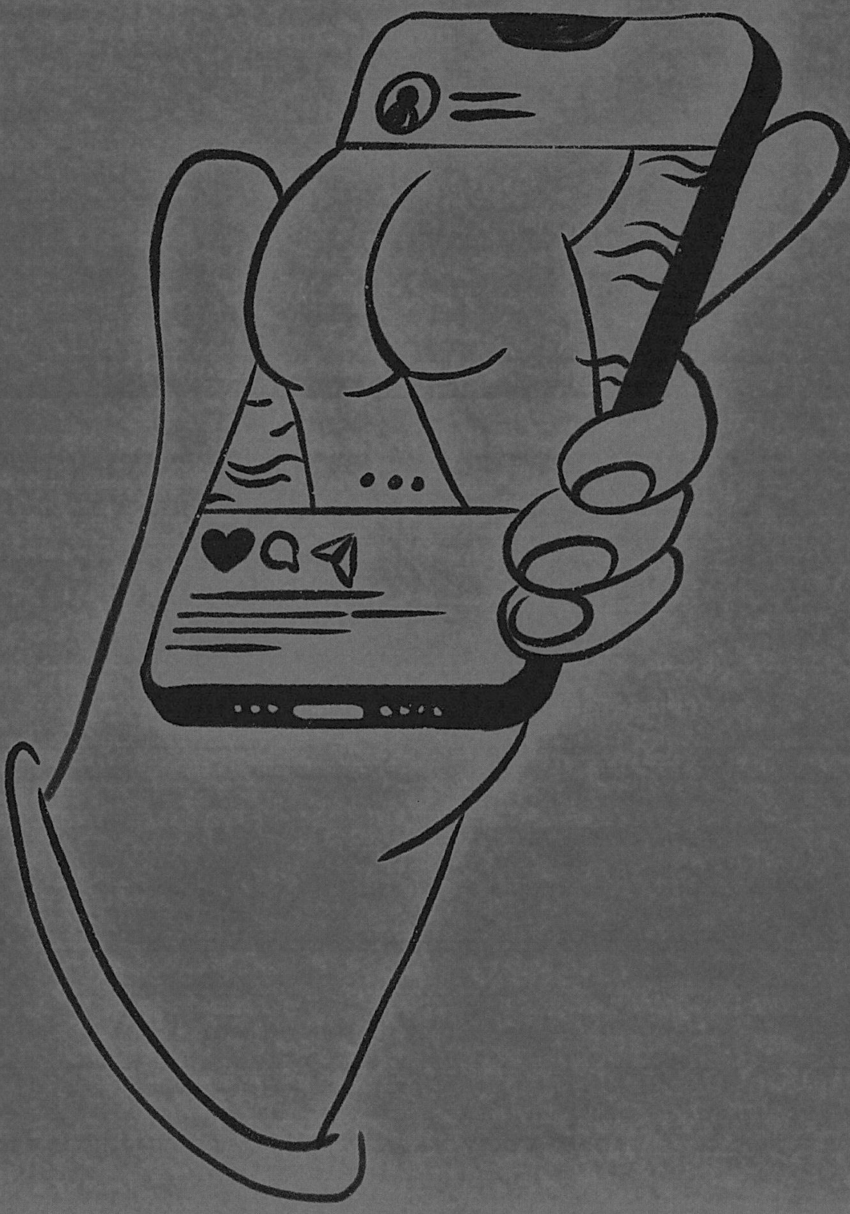

1. Gewalt in der Familie
Recht auf körperliche Unversehrtheit

Mara und Sophie gehen shoppen. Mit fünf Tops unterm Arm teilen sie sich eine Umkleidekabine. Die Sechzehnjährigen sind beste Freundinnen. Sie haben keine Geheimnisse voreinander, dachte Mara jedenfalls immer. Als sich Sophie ihr T-Shirt über den Kopf zieht, entdeckt Mara blaue Flecken an Sophies Armen und am Oberkörper. »Was hast du da?« »Ach nichts«, weicht Sophie aus. »Das muss doch wehtun«, Mara lässt nicht locker. »Ich bin die Treppe runtergefallen«, lügt Sophie. »Wann denn? Gestern hattest du das noch nicht.« Mara merkt, dass ihre Freundin den Tränen nahe ist. Sie nimmt Sophie in den Arm und endlich gibt sie zu: »Mein Vater. Das läuft nicht gut, bei uns zu Hause.«

Artikel 2 Absatz 2 Grundgesetz enthält das Recht auf körperliche Unversehrtheit. Es besagt: Niemand darf uns wehtun oder verletzen.

Grundgesetz für die Bundesrepublik Deutschland

Artikel 2 Absatz 2

Jeder hat das Recht auf Leben und körperliche Unversehrtheit. Die Freiheit der Person ist unverletzlich. In diese Rechte darf nur auf Grund eines Gesetzes eingegriffen werden.

Körperliche Unversehrtheit – was ist das?

Das Grundrecht auf körperliche Unversehrtheit basiert wie die meisten Artikel des Grundgesetzes auf der Menschenwürde, die in Artikel 1 als wichtigster Grundsatz festgeschrieben ist. Nur wer keine Angst vor Schmerzen und körperlichen Strafen haben muss, kann wirklich frei sein.

Grundgesetz für die Bundesrepublik Deutschland

Artikel 1 Absatz 1

Die Würde des Menschen ist unantastbar. Sie zu achten und zu schützen ist Verpflichtung aller staatlichen Gewalt.

Um die Würde anderer Menschen zu achten, ist es wichtig, ihre Körper wertzuschätzen und ihnen nicht wehzutun. So zeigen wir grundsätzlich Respekt füreinander. Deswegen stehen Würde und körperliche Unversehrtheit auch gleich in den ersten Artikeln des Grundgesetzes und genauso in der Allgemeinen Erklärung der Menschenrechte.

Weil dies wichtige Grundrechte sind, muss der Staat einiges tun, um die Gesundheit der Menschen zu schützen. Zum Beispiel, indem er alle bestraft, die andere verletzen, körperlich oder auch psychisch. Dafür hat er das Strafrecht geschaffen. Im Strafgesetzbuch steht die Körperverletzung unter Strafe, genauso wie die Beleidigung, die Nötigung, der Totschlag, der Mord und einiges mehr.

Gewaltmonopol des Staates

Der Staat selbst darf auch niemanden verletzen. Körperliche Strafen wie Verprügeln, Auspeitschen oder Folter sind in Deutschland verboten. Dass die Polizei trotzdem manchmal hart zugreift und zum Beispiel gegen Demonstrierende mit körperlicher Gewalt vorgeht, ist unter bestimmten Regeln erlaubt. Das nennt sich *›Gewaltmonopol‹*, das bedeutet, nur der Staat darf Gewalt anwenden. Er hat diese Erlaubnis der Polizei übertragen.

Was Polizist:innen tun, muss verhältnismäßig sein. Das ist ein wichtiger juristischer Begriff. So dürfen sie auf einen bewaffneten Bankräuber schießen, wenn er sie mit der Waffe bedroht, aber nicht auf Menschen, die bei einer Demonstration Steine auf die Polizei werfen. Sie dürfen Wasserwerfer und Tränengas einsetzen, den Steinewerfern hinterherlaufen und sie zu Boden zwingen, um sie festzunehmen. Dass die Demonstrierenden dabei unter Umständen verletzt werden, ist eine Folge der Maßnahme.

Manchmal schlagen Polizist:innen viel zu heftig zu, das dürfen sie nicht. Oft ist es schwer, das in einem Strafverfahren zu beweisen. Bei Polizeigewalt tauchen immer wieder Videos auf, die mit dem Smartphone gemacht wurden. Auch die Polizei macht Aufnahmen, entweder mit eigenen Kamerateams oder mit Bodycams, die an der Kleidung der Beamten befestigt sind. Die Staatsanwaltschaft, die bei einer Strafanzeige ermitteln muss, prüft anhand solcher

Videoaufnahmen, was genau passiert ist. Sie befragt auch alle, die sie als Zeugen finden kann. Eines ist auf jeden Fall klar: Nach der Festnahme von Demonstrierenden darf die Polizei sie nicht auch noch verprügeln, das wäre eine verbotene körperliche Strafe.

Gewalt in der Schule und zu Hause

In der Bundesrepublik durften Lehrkräfte bis in die 1970er Jahre Schülerinnen und Schüler schlagen, in Ostdeutschland (in der sowjetisch besetzten Zone) wurde das 1945 sofort verboten.

Körperliche Gewalt von Eltern an ihren Kindern war im Westen bis ins Jahr 2000 erlaubt, obwohl Artikel 2 im Grundgesetz seit 1949 die körperliche Unversehrtheit aller garantiert. Fachkreise sind sich heute einig, dass das sogenannte *›Elterliche Züchtigungsrecht‹* bis zu seiner Abschaffung verfassungswidrig war, also dem Grundgesetz widersprochen hat und somit nicht hätte gelten dürfen.

Verprügeln, Schlagen, Treten ist eine Straftat, besonders dann, wenn Kinder und Jugendliche betroffen sind. Je nachdem, wie hart zugeschlagen wird, handelt es sich um vorsätzliche Körperverletzung oder sogar schwere Körperverletzung. Bestraft wird auch die *›Misshandlung von Schutzbefohlenen‹*. Durch das Androhen einer Strafe sollen Kinder und Jugendliche vor der Aggression Erwachsener geschützt werden. Das können die eigenen Eltern sein, aber auch alle anderen, die mit Kindern zu tun haben, wie zum Beispiel die Trainer:innen im Sportverein.

Gewalt gegen Kinder – ein weltweites Problem

Jedes Kind hat das Recht, vor Gewalt geschützt zu werden und ohne Gewalt groß zu werden. Das besagt Artikel 19 der UN-Kinderrechtskonvention. Fast alle Vertragsstaaten haben diese Vereinbarung unterschrieben. Sie mussten eigene Landesgesetze erlassen, die es verbieten, Kinder zu schlagen, zu misshandeln, zu vernachlässigen oder zu Dingen zu zwingen, die ihnen schaden. Die Länder mussten auch Hilfen für betroffene Kinder schaffen: Ausgebildete Erwachsene sollen dafür sorgen, dass die Misshandlungen nicht wieder passieren und das Kind in Zukunft geschützt ist.

UN-Kinderrechtskonvention

Artikel 19 Absatz 1

Die Vertragsstaaten treffen alle geeigneten Gesetzgebungs-, Verwaltungs-, Sozial- und Bildungsmaßnahmen, um das Kind vor jeder Form körperlicher oder geistiger Gewaltanwendung, Schadenszufügung oder Misshandlung, vor Verwahrlosung oder Vernachlässigung, vor schlechter Behandlung oder Ausbeutung einschließlich des sexuellen Missbrauchs zu schützen, solange es sich in der Obhut der Eltern oder eines Elternteils, eines Vormunds oder anderen gesetzlichen Vertreters oder einer anderen Person befindet, die das Kind betreut.

Trotz all dieser Gesetze und Vereinbarungen werden unzählige Kinder in aller Welt weiterhin geschlagen, niedergebrüllt, erniedrigt oder vernachlässigt. Die Kinderhilfsorganisation Unicef weist darauf hin, dass viele Erwachsene diese Gewalt gegen Kinder tolerieren und, schlimmer noch, sie sogar als unvermeidlich oder gar notwendig ansehen. Unicef fordert deshalb mehr Engagement für die Rechte von Kindern. Sich der Gewalt ***»entgegenzustellen, muss endlich als Daueraufgabe unserer gesamten Gesellschaft verstanden werden. Nur so können alle Kinder sicher und gut aufwachsen.«***

So viel Gewalt

Die Weltgesundheitsorganisation WHO schätzt, dass jedes Jahr eine Milliarde Kinder und Jugendliche zwischen zwei und 17 Jahren von Gewalt betroffen sind. Es ist nur eine Schätzung, denn wie soll gezählt werden, was in privaten Räumen passiert? Es wird ein *›Mantel des Schweigens‹* übergestülpt: Darüber darf nicht gesprochen werden. Viele schämen sich auch, davon zu erzählen, so wie Sophie in unserem Beispiel.

2016 bestätigte eine wissenschaftliche Untersuchung in Deutschland mit 2510 Teilnehmer:innen zwischen 14 und 94 Jahren:
31 Prozent hatten als Kind Mißhandlung erlebt. Die weiblichen Befragten berichteten öfter als die männlichen von sexualisierter Gewalt durch Erwachsene.

Sexualisierte Gewalt

In jeder Schulklasse sitzen ein oder zwei Mädchen, die Opfer von sexuellem Missbrauch sind, schätzt die WHO; zu einem Drittel sind Jungen betroffen. Es passiert in der Familie: Der eigene Vater, der Onkel, der Cousin oder der Bruder zwingen das Kind zu sexuellen Handlungen und sie zwingen es, darüber zu schweigen. Mütter bekommen es oft nicht mit, manche wollen es nicht wahrhaben. Einige wenige Frauen werden selbst übergriffig. Missbrauch passiert überwiegend im nahen Umfeld – im Sportverein, in der Kirche, in Jugendeinrichtungen, da wo Kinder Erwachsenen anvertraut sind und sie eigentlich geschützt sein sollten.

Grundlage für diese Zahl ist eine Schätzung. Genaue Zahlen gibt es nicht, denn die Polizei kann für die Kriminalstatistik nur die angezeigten Fälle zählen. Aber die Zahlen steigen. 2020 gab es über 14 500 Anzeigen wegen Kindesmissbrauch, 10 Prozent mehr als im Jahr davor. Das liegt auch daran, dass die Bereitschaft, eine Strafanzeige zu stellen, in den letzten Jahren gestiegen ist. Es wird heute offener über sexualisierte Gewalt gesprochen. Das liegt unter anderem an sehr großen Skandalen, über die die Medien immer wieder berichten.

Seit 2010 wurden zahlreiche Vorfälle in Schulen, Internaten, Heimen und Sportvereinen, vor allem aber auch in der katholischen und evangelischen Kirche bekannt, in beiden Teilen Deutschlands. Vieles liegt Jahre und Jahrzehnte zurück, denn die Verantwortlichen in der Führungsebene, wie etwa Schulleitungen oder Bischöfe, hatten alles dafür getan, die Vorkommnisse zu vertuschen. Den Betroffenen war nicht geglaubt worden. Nicht als sie noch Kinder und Jugendliche waren und auch nicht als Erwachsene.

Seit 2016 gibt es die *›Unabhängige Kommission zur Aufarbeitung sexuellen Kindesmissbrauchs‹*. Sie soll vergangenes Unrecht aufdecken: Wie oft und wo ist was passiert? Welche Strukturen haben dies ermöglicht? Welche Folgen hat die sexualisierte Gewalt? Die heute Erwachsenen tragen *›Narben auf ihrer Seele‹*. Ganz besonders wichtig ist es der Kommission, die Betroffenen endlich zu Wort kommen zu lassen, in vertraulichen Anhörungen, aber auch bei öffentlichen Veranstaltungen. Online sind einige ihrer Berichte zu hören.

Aufgrund des Missbrauchsskandals 2010 richtete die Bundesregierung das Amt der *›Unabhängigen Beauftragten zur Aufarbeitung des sexuellen Kindesmissbrauchs‹* ein. Das Amt ist Anlaufstelle für alle, die sich gegen sexuelle Gewalt engagieren wollen. Es unterhält auch das *›Hilfe-Portal gegen sexuellen Missbrauch‹* – hier gibt es online Informationen und Adressen für Hilfsangebote in vielen Städten.

Was tun gegen Gewalt in der Familie

Frauen, die von ihrem Partner geschlagen werden, können mit ihren Kindern Zuflucht im Frauenhaus finden. Das ist nicht ganz einfach, denn oft sind schon alle Plätze belegt. Der Bedarf an Frauenhäusern ist immens groß.

Jugendliche, die es zu Hause nicht mehr aushalten, können ins betreute Jugendwohnen ziehen. Wenn es ganz schlimm ist und schnelle Hilfe nötig ist, stehen Jugend-Noteinrichtungen zur Verfügung. Wie das alles genau organisiert wird, ist von Stadt zu Stadt verschieden.

Nummer gegen Kummer

Wichtig ist, sich Hilfe zu holen. Vielleicht erst einmal anonym bei der *›Nummer gegen Kummer‹*: 116 117. Hier gibt es für Kinder und Jugendliche eine telefonische Beratung, kostenlos und vertraulich versteht sich.

Wer lieber mit Gleichaltrigen sprechen möchte, kann samstags die Telefonnummer 116 111 zwischen 14 und 20 Uhr anrufen: Da sind die Teams von *›Jugendliche beraten Jugendliche‹* am Telefon.

Möglich ist auch, eine E-Mail zu schreiben oder erst in Ruhe alle Infos online zu lesen. Egal welches Thema – Mobbing in der Schule, Abzocke im Internet, Angstgefühle oder große Traurigkeit und Depression, Essstörungen und Sucht – über alles darf gesprochen werden.

Wie kann Mara helfen?

Als eine gute Freundin kann Mara Sophie zeigen, dass sie auch jetzt für sie da ist. Erst mal kann sie fragen, was los ist, und Sophie erzählen lassen, ihr richtig gut zuhören und sie trösten. Dann können sie gemeinsam überlegen, was getan werden kann. An manchen Schulen gibt es Vertrauenslehrer:innen oder auch Sozialarbeiter:innen, die sich mit den Hilfsangeboten in der Stadt auskennen. Mara kann auch selbst bei der Nummer gegen Kummer anrufen. Das geht auch als Freundin, wenn sich Mara selber hilflos fühlt.

2. Diskriminierung – und tschüss! Die Gleichheitsrechte des Grundgesetzes

Stef hat ihren Freund Luca überredet, zur Gender-AG mitzukommen. Immer donnerstags, 8. Stunde, ist der Sozialraum für das Treffen der lesbischen, schwulen, nichtbinären und trans Schüler:innen reserviert. Kommen können auch die, die noch nicht so genau wissen, welche Identität sie haben. »Du willst doch mal mit anderen reden, die so fühlen wie du«, war Stefs Argument. »Ich bin nichtbinär, Pronomen sie«, sagt Stef, wenn sie sich jemandem neu vorstellt. Ein bisschen aufgeregt schaut sich Luca um. An der Wand hängen selbstgemalte Plakate. »All-Gender-Toilette für jede Schule« steht auf einem. Auf einem anderen: »Sexuelle Orientierung ins Grundgesetz!«

»Alle Menschen sind vor dem Gesetz gleich.« So beginnt Artikel 3 Grundgesetz. Ein großartiger Satz, der wahnsinnig viel beinhaltet, obwohl er nur wenige Worte hat. Für die Armen und Reichen, die Promis und Royals, die Kinder, Jugendlichen und Erwachsenen – die Gesetze gelten für uns alle, egal wer wir sind. Auch Greta Thunberg musste der Polizei ihren Ausweis zeigen, als sie bei den Protesten gegen das Abbaggern von Lützerath die angemeldete Demoroute verließ und illegal das Werksgelände des Energiekonzerns RWE betrat, um bis zum Tagebauloch zu laufen. Obwohl die Klimaaktivistin weltweit bekannt ist, hat sie keinen Promistatus. Der Rechtsstaat muss alle gleich behandeln. Das Grundgesetz garantiert die Gleichheit.

Grundgesetz für die Bundesrepublik Deutschland

Artikel 3

(1) Alle Menschen sind vor dem Gesetz gleich.

Die Gleichheitsidee gab es schon im antiken Griechenland. Sie ist in der Unabhängigkeitserklärung der USA niedergeschrieben und war in der Französischen Revolution eine wichtige Forderung. In der Allgemeinen Erklärung der Menschenrechte der Vereinten Nationen steht seit 1948 in Artikel 1 Satz 1: ***»Alle Menschen sind frei und gleich an Würde und Rechten geboren.«***

Trotzdem gibt es Ungleichheit, das erleben wir jeden Tag. Das Bundesverfassungsgericht hat einen wichtigen Satz geprägt:

»Der allgemeine Gleichheitssatz (Art. 3 Abs. 1 GG) gebietet dem Gesetzgeber, wesentlich Gleiches gleich und wesentlich Ungleiches ungleich zu behandeln.« Das klingt kompliziert, meint aber: Wenn eine staatliche Institution oder Behörde, zum Beispiel das Finanzamt, Bürger:innen unterschiedlich behandelt, muss sie gute Gründe dafür haben. Gesetze, die die rechtliche Grundlage für eine ungleiche Behandlung sind, müssen sachlich gerechtfertigt sein.

Die Gleichberechtigung

›*Menschen*‹, wie es im ersten Absatz von Artikel 3 steht, ist ein geschlechtsneutrales Wort. Damit könnte alles zur Gleichheit gesagt sein. Es war aber schon bei der Entstehung des Grundgesetzes dringend nötig, die Gleichberechtigung als Grundrecht festzulegen: ***»Männer und Frauen sind gleichberechtigt.«*** Beide – Frauen und Männer – haben die gleichen Rechte.

Grundgesetz für die Bundesrepublik Deutschland

Artikel 3

(2) Männer und Frauen sind gleichberechtigt. Der Staat fördert die tatsächliche Durchsetzung der Gleichberechtigung von Frauen und Männern und wirkt auf die Beseitigung bestehender Nachteile hin.

Treibende Kraft für diesen wichtigen Satz war die Rechtsanwältin Dr. Elisabeth Selbert aus Kassel: Sie war eine von vier Frauen unter 61 Männern im Parlamentarischen Rat, der 1948/49 das Grundgesetz schuf. Die anderen drei Frauen waren von der Idee zunächst nicht begeistert, genauso wenig wie ihre Ratskollegen. Sie befürchteten, die Gleichberechtigung könnte die Familienstrukturen zerstören. So konservativ dachten viele in den späten 1940er Jahren, aber nicht alle. Die Juristin Elisabeth Selbert überzeugte erst ihre SPD-Parteikollegin Friederike Nadig, dann zogen sie durchs Land und warben für das Grundrecht – mit dem Erfolg, dass Waschkörbe voller Postkarten eintrafen und dem Parlamentarischen Rat klarmachten: Frauen fordern Gleichberechtigung.

Die DDR hatte schon 1949 in Artikel 7 ihrer Verfassung festgelegt: ***»Mann und Frau sind gleichberechtigt. Alle Gesetze und Bestimmungen, die der Gleichberechtigung der Frau entgegenstehen, sind aufgehoben.«*** Die DDR brauchte die Arbeitskraft der Frauen.

Sie ergriffen auch Berufe wie *›Baggerfahrer‹* oder *›Ingenieur‹* und nutzten für sich die männliche Bezeichnung. Ihre Erwerbsquote lag Ende der 1980er Jahre bei 91,2 Prozent. In der Politik hatten Frauen trotzdem nichts zu sagen: Im Politbüro – die Machtzentrale der SED, die die Regierung der DDR kontrollierte – gab es kein einziges weibliches Mitglied mit Stimmrecht. In den Familien überließen viele Väter den Müttern Haushalt und Kindererziehung, zusätzlich zur vollen Erwerbsarbeit der Frauen.

Nach dem Ende der DDR wurde von Bundestag und Bundesregierung die Gemeinsame Verfassungskommission eingesetzt. Sie entwickelte den Grundsatz der Geschlechtergleichstellung, denn Artikel 3 Absatz 2 Satz 1 Grundgesetz allein hatte im Westen nicht ausgereicht, die Lebensverhältnisse von Männern und Frauen anzugleichen, und auch im Osten war nicht alles gut gelaufen. Der Staat sollte einen konkreten Handlungsauftrag erhalten. 1994 wurde das Grundgesetz in Artikel 2 um einen weiteren Satz ergänzt: ***»Der Staat fördert die tatsächliche Durchsetzung der Gleichberechtigung von Frauen und Männern und wirkt auf die Beseitigung bestehender Nachteile hin.«***

Die Gleichstellungspolitik arbeitet seither an vielen großen und kleinen gesetzlichen Verbesserungen. Die Gesellschaft selbst hat sich auch weiterentwickelt. Aber Schlagworte wie Gender Pay Gap, also die ungleiche Bezahlung von Frauen und Männern, oder Equal Care, die Forderung nach dem Ende der unfairen Verteilung von Sorgearbeit in der Familie, machen deutlich: Volle Gleichstellung ohne Nachteile für die Frauen gibt es noch immer nicht.

Das Diskriminierungsverbot

Alle Menschen genießen in Deutschland Schutz vor Diskriminierung, ungeachtet ihres Geschlechts, ihrer ethnischen Herkunft, Religion oder Weltanschauung, der sexuellen Identität, ihres Alters oder einer Behinderung.

Grundgesetz für die Bundesrepublik Deutschland

Artikel 3

(3) Niemand darf wegen seines Geschlechtes, seiner Abstammung, seiner Rasse, seiner Sprache, seiner Heimat und Herkunft, seines

Glaubens, seiner religiösen oder politischen Anschauungen benachteiligt oder bevorzugt werden. Niemand darf wegen seiner Behinderung benachteiligt werden.

Artikel 3 Grundgesetz enthält in Absatz 2 und 3 deutliche Diskriminierungsverbote. Sie verpflichten den Staat, niemanden durch Gesetze und Rechtsprechung zu benachteiligen, oder wenn Behörden tätig werden. Auf Grundlage des Grundgesetzes ist 2006 das Allgemeine Gleichbehandlungsgesetz (AGG) geschaffen worden. Es gibt den Betroffenen die Möglichkeit, sich gegen Diskriminierung durch andere Menschen zu wehren, genauso gegen Benachteiligungen bei der Jobsuche oder beim Mieten einer Wohnung. Die Antidiskriminierungsstelle des Bundes informiert und unterstützt Betroffene, beauftragt wissenschaftliche Untersuchungen, macht Öffentlichkeitsarbeit und berät die Bundesregierung. Antidiskriminierungsstellen gibt es auch in den Bundesländern und bei vielen Institutionen.

Diskriminierung entsteht oft aus Vorurteilen. Menschen werden aufgrund ihres Andersseins abgelehnt, es wird abfällig über sie gesprochen, sie werden schlecht behandelt. Das ungleiche Verhältnis zwischen den Geschlechtern, die soziale Ausgrenzung von Minderheiten – Sexismus, Rassismus, Antisemitismus und vieles mehr – hat sehr komplexe Ursachen. Das Grundgesetz unterstützt dabei, Diskriminierung zu erkennen, dagegen anzugehen oder besser noch, erst gar nicht entstehen zu lassen.

Arten der Diskriminierung

Diskriminierung aufgrund des Geschlechts ist ein allumfassendes Problem. Sie ist den meisten bewusst und trotzdem ist Sexismus tief im Verhalten der Menschen verwurzelt. Seit der Entstehung des Grundgesetzes hat sich das Verhältnis der Geschlechter schon sehr zum Guten verändert. Volle Gleichstellung ist in Deutschland nicht erreicht.

Der Begriff Rasse müsste aus dem Grundgesetz gestrichen werden, er ist sehr umstritten. Naturwissenschaftlich gesehen sind alle Menschen eine einzige Rasse. Die Wörter *›Rassismus‹* und *›rassistisch‹* brauchen wir weiterhin. Rassismus ist eine Erfahrung von Menschen, wenn sie beispielsweise aufgrund ihrer Hautfarbe rassistisch beleidigt werden oder wegen ihres Nachnamens nie zu Bewerbungsgesprächen eingeladen werden. Die meisten Beratungen der Antidiskriminierungsstelle betreffen Diskriminierungen aufgrund der ethnischen Herkunft, gemeint sind Kategorien wie Hautfarbe, äußere Erscheinung, Sprache oder Migrationshintergrund. Die Antidiskriminierungsstelle des Bundes setzt sich dafür ein, im Grundgesetz die Formulierung Rasse durch *›rassistische Diskriminierung‹* oder *›rassistische Zuschreibung‹* zu ersetzen.

Das Grundgesetz schützt in Artikel 3 Absatz 3 vor Diskriminierung wegen der Religionszugehörigkeit und in Artikel 4 die Religionsfreiheit. Anfeindungen passieren im Alltag, wenn der Glaube sichtbar wird. Juden werden beleidigt und körperlich angegriffen, wenn sie auf der Straße die männliche Kopfbedeckung Kippa tragen. Beleidigungen kennen auch muslimische Frauen und Mädchen wegen ihres Kopftuchs. Und auch Menschen, die keiner Religionsgemeinschaft angehören, dürfen nicht benachteiligt werden.

Menschen mit Behinderungen sind besonders stark von Diskriminierung betroffen und in ihren Teilhabemöglichkeiten eingeschränkt. 1994 wurde Artikel 3 Absatz 2 um den Diskriminierungsschutz bei Behinderung ergänzt. Seit 2009 ist die UN-Behindertenrechtskonvention in Deutschland in Kraft. Das Deutsche Institut für Menschenrechte soll dafür sorgen, dass die Rechte von Menschen mit Behinderungen geachtet, geschützt und gewährleistet werden. Ziel ist eine inklusive Gesellschaft, an der alle Menschen gleichberechtigt teilhaben, das gilt auch für Schulen.

»Inklusive Bildung ist ein Grundrecht, sie muss selbstverständlich sein«, sagt Jürgen Dusel, Bundesbeauftragter für die Belange von Menschen mit Behinderungen. Aber Schulbildung ist Ländersache, die Schulgesetze regeln die Inklusion sehr unterschiedlich. Auch für die Barrierefreiheit, beispielsweise bei Gebäuden, passiert immer noch zu wenig.

»Das Grundgesetz hat die guten Artikel. Ich finde den Artikel 3 auch gut. Alle haben die gleichen Rechte und sollen auch gleichbehandelt werden. Auch Menschen mit Behinderung.«

Natalie Dedreux (*1998) ist Aktivistin, Journalistin und Bloggerin; auf Instagram hat sie rund 15 000 Follower:innen. Ihr Motto: ***»Auch wir Menschen mit Down-Syndrom haben ein cooles Leben.«*** Die Kölnerin engagiert sich gegen Bluttests zur Feststellung von Chromosomen-Abweichungen in der Schwangerschaft. Während des Bundestagswahlkampfes 2017 war sie Gast in der ARD-Sendung ›*Wahlarena*‹. Sie war damals 19 Jahre alt und fragte Bundeskanzlerin Angela Merkel: ***»Wieso darf man Babys mit Down-Syndrom bis kurz vor der Geburt noch abtreiben?«***

Was fehlt

Über den Schutz vor Diskriminierung aufgrund des Alters steht im Grundgesetz zwar nichts, das Allgemeine Gleichbehandlungsgesetz hat das Problem aber als Altersdiskriminierung erkannt. Jüngere Menschen erleben diskriminierende Ablehnung, weil sie angeblich etwas noch nicht können. Älteren wird unterstellt, dass sie aufgrund ihres fortgeschrittenen Lebensalters eine Fähigkeit nicht mehr haben. Altersbedingte Ungleichbehandlungen müssen sachlich gerechtfertigt sein. Das Alter kann auch Vorteile bringen wie billigere Bahn- oder Kinotickets für Kinder, Schüler:innen, Studierende und Senior:innen.

Was in Artikel 3 Absatz 3 Grundgesetz ebenfalls fehlt, ist das Diskriminierungsverbot aufgrund sexueller Orientierung. Die Akzeptanz homosexueller Menschen hat zwar deutlich zugenommen, wie Umfragen zeigen. Vielfach erleben Menschen wegen ihrer sexuellen Orientierung oder geschlechtlichen Identität dennoch Diskriminierung und Gewalt. Das Deutsche Institut für Menschenrechte fordert zu ihrem Schutz eine geschlechterinklusive Ausgestaltung des Antidiskriminierungs- und Gleichstellungsrechts. Und sie sind nicht die Einzigen.

Sexuelle Orientierung und geschlechtliche Identität: Was ist der Unterschied?

Bei der sexuellen Orientierung geht es um das romantische oder sexuelle Begehren – lesbische Frauen lieben Frauen, schwule Männer stehen auf Männer. Bisexuelle haben mal Beziehungen zu Männern und mal zu Frauen. Wer sich als pansexuell bezeichnet, ist für alle Geschlechteridentitäten offen. Asexuell bedeutet, kein sexuelles Begehren für andere Menschen zu empfinden.

Die geschlechtliche Identität betrifft die Frage: ***»Was ist mein Geschlecht?«*** Die meisten Menschen sind mit ihrem Geschlecht – männlich oder weiblich – zufrieden. Einige identifizieren sich nicht mit dem bei ihrer Geburt zugewiesenen Geschlecht, sie sind transgeschlechtlich. Wer von sich sagt: ***»Ich bin nicht binär«*** lehnt die Geschlechtskategorien männlich oder weiblich für sich ab.

Intergeschlechtliche Menschen haben angeborene Variationen ihrer körperlichen Geschlechtsmerkmale. Dies betrifft Geschlechtsorgane, Hormone, Chromosomen und manchmal auch Figur, Haarverteilung oder Muskelmasse. Die südafrikanische Leichtathletin Caster Semenya gehört zu den bekanntesten intergeschlechtlichen Menschen. Die mehrfache Weltmeisterin musste sehr um die Anerkennung ihrer sportlichen Leistungen als Frau mit erhöhten Testosteronwerten kämpfen und zog bis vor den Europäischen Gerichtshof für Menschenrechte.

Wir sprechen heute von einer Vielzahl von Geschlechtern, genauer gesagt, von einer Vielzahl von Geschlechtsidentitäten. Die vielen verschiedenen Bezeichnungen werden oft mit dem Buchstabenkürzel LGBTIQ+ zusammengefasst, oder es wird der aus dem Englischen stammende Begriff *›queer‹* verwendet. Genderzeichen wie der Genderstern oder der Genderdoppelpunkt in Personenbeschreibungen weisen auf die geschlechtliche Vielfalt aller Menschen hin.

Intergeschlechtlichkeit und Grundgesetz

2017 entschied das Bundesverfassungsgericht, dass Menschen mit Variationen der Geschlechtsentwicklung einen Anspruch auf einen eigenen Eintrag im Personenstandsregister haben. Weder passt der Eintrag *›männlich‹* noch *›weiblich‹*. Für intergeschlechtliche Menschen wurde ab 2019 die Bezeichnung *›divers‹* eingeführt.

Das Gericht begründete seine Entscheidung mit dem allgemeinen Persönlichkeitsrecht aus Artikel 2 Absatz 1 in Verbindung mit der Unantastbarkeit der Menschenwürde in Artikel 1 Absatz 1 Grundgesetz. Die bis dahin geltende Regelung im Personenstandsrecht verstoße auch gegen das Verbot der Diskriminierung wegen des Geschlechts aus Artikel 3 Absatz 3 Grundgesetz. Die geschlechtliche Identität ist also bereits durch die Kategorie Geschlecht in Artikel 3 Absatz 3 geschützt, anders als die sexuelle Orientierung, für die eine Grundrechtsänderung gefordert wird.

Grundrechtsschutz für LGBTIQ+

Lesben, Schwule und Bisexuelle fordern seit 2009 eine Ergänzung von Artikel 3 Absatz 3 um die Kategorie *›sexuelle Orientierung‹*. 2018 haben mehrere Bundesländer dazu eine Bundesratsinitiative auf den Weg gebracht. 2019 stellten die Bundestagsfraktionen von Grünen, FDP und Linken einen entsprechenden Antrag. Auch der aktuelle Koalitionsvertrag von SPD, Grünen und FDP will die Änderung. Noch fehlt es an der nötigen Zweidrittelmehrheit im Bundestag, obwohl einige Politiker der CDU wie Tobias Hans, Norbert Röttgen und Hendrik Wüst das Vorhaben bereits unterstützen. Das wichtigste Argument ist die – inzwischen abgeschaffte – strafrechtliche Verfolgung schwuler Männer aufgrund von § 175 Strafgesetzbuch (StGB). Weil die sexuelle Orientierung nicht im Grundgesetz erwähnt war, galt der Strafrechtsparagraf sehr lange als verfassungskonform. Er wurde zwar 1969 abgemildert, aber erst 1994 aus dem Strafgesetzbuch gestrichen. Die Befürchtung ist, dass solch ein diskriminierendes Gesetz wieder eingeführt werden könnte, wenn sich der Bundestag nach Wahlen sehr konservativ zusammensetzt. Für die Abstimmung über ein Gesetz genügt die einfache Mehrheit. Würde die sexuelle Orientierung im Grundgesetz geschützt sein, könnte das nicht passieren, oder nicht so leicht.

Der 23. Mai ist der *›Tag des Grundgesetzes‹*. An diesem Tag im Jahr 1949 wurde das Grundgesetz feierlich verkündet. Genau zu diesem Datum sollte 2021 im Bundestag über eine Änderung von Artikel 3 Absatz 3 zur Einfügung des Merkmals *›sexuelle Identität‹* abgestimmt werden. Medienwirksam übergab die Initiative *›Grundgesetz für alle‹* den Bundestagsfraktionen am Tag des Grundgesetzes 80 000 Unterschriften für die Forderung nach genau dieser Grundgesetzänderung. Die Initiative wird von vielen Prominenten unterstützt. Die Abstimmung aber wurde von der Tagesordnung gestrichen.

Immerhin, das gibt es endlich auch: 2023 widmete der Bundestag sein Gedenken am Holocausttag zum ersten Mal Menschen, die wegen ihrer sexuellen Orientierung verfolgt worden waren. Der Schauspieler Jannik Schümann verlas einen Text über Karl Gorath (1912 – 2003). Der schwule Mann wurde mit 22 Jahren wegen § 175 StGB verurteilt. Er überlebte mehrere Konzentrationslager und wurde nach dem Krieg vom gleichen Richter noch einmal nach § 175 zu einer Haftstrafe verurteilt. Die Schauspielerin Maren Kroymann erinnerte an die lesbische Jüdin Mary Pünjer (1904–1942). Sie wurde als »Lesbierin« verhaftet, im Konzentrationslager Ravensbrück interniert und schließlich in der »Euthanasie«-Anstalt Bernburg an der Saale ermordet.

Zur Gedenkstunde am 27. Januar eingeladen waren auch junge Menschen, die sich an der alljährlichen Jugendbegegnung des Deutschen Bundestages beteiligen.

Herzlich willkommen, Stef und Luca!

Jacky aus der 10. Klasse begrüßt die zwei Neuen, Stef und Luca. Sie plaudert gleich los, dass sie ihre Freundin Angie furchtbar vermisst, die auf Klassenfahrt ist. Dann stellt sie den beiden Jerôme und Finn vor, die auf dem Sofa Händchen halten. Nach und nach kommen immer mehr Schüler:innen und auch die Vertrauenslehrer:in Hen Küfers (Pronomen sie/ihr), die die Idee für die Gender-AG hatte. Jerôme hat inzwischen Luca das Plakat mit der Forderung nach ***»Sexueller Orientierung ins Grundgesetz«*** erklärt. Gina aus der Oberstufe hat sich dazugesetzt. Sie erzählt, dass sie beim Vorbeigehen an jüngeren Schüler:innen oft hört, wie die sich zuflüstern: ***»Ey, das ist doch ein Junge«,*** obwohl Gina mit Glitzerpulli, Schminke und lackierten Nägeln ihre Weiblichkeit betont. Dann berichten Jacky und Hen Küfers vom erfolgreichen Gespräch mit der Schulleitung wegen der All-Gender-Toilette. Im dritten Stock gibt es ein stillgelegtes Klo. Die Hausmeisterin wird es wieder herrichten, die Gender-AG soll bei der Renovierung helfen. Alle jubeln über das schöne Ergebnis. Schluss mit dem Mobbing auf der Jungstoilette und dem blöden Gequatsche auf dem Mädchenklo: Die Queers der Schule erhalten eine eigene Toilette.

3. »Mein Bauch gehört mir« Recht auf Abtreibung

Lianas Tage lassen auf sich warten. »Ein Zyklus von drei bis fünf Wochen ist bei jungen Mädchen normal«, hatte die Biolehrerin gesagt. »Ihr müsst unbedingt verhüten. Sicher ist sicher.« Nach Timos Party hatten Liana und ihr Freund Marlon gedacht: »Einmal ohne, was soll's. Da passiert schon nichts.« Nun ist der Schwangerschaftstest positiv. 16 Jahre alt, das ist zu jung für ein Baby, da sind sich Liana und Marlon einig. Was sollen sie jetzt tun?

Dasselbe Problem wie Liana und Marlon, eine ungewollte Schwangerschaft, haben jährlich Hunderttausende junge Mädchen, Frauen und Paare und manchmal auch Transmänner. Wer noch ganz jung ist, hat eigentlich andere Pläne: eine Ausbildung machen, studieren, reisen, feiern und nicht schon Verantwortung als Eltern tragen. Ein Kind zu bekommen und großzuziehen ist eine große Herausforderung.

Es gibt die Möglichkeit, eine Schwangerschaft abzubrechen, durch eine Abtreibung. Das ist eine persönliche Entscheidung, bei der das Grundgesetz eine wichtige Rolle spielt.

Grundgesetz für die Bundesrepublik Deutschland

Artikel 2

(1) Jeder hat das Recht auf die freie Entfaltung seiner Persönlichkeit, soweit er nicht die Rechte anderer verletzt und nicht gegen die verfassungsmäßige Ordnung oder das Sittengesetz verstößt.
(2) Jeder hat das Recht auf Leben und körperliche Unversehrtheit. Die Freiheit der Person ist unverletzlich. In diese Rechte darf nur auf Grund eines Gesetzes eingegriffen werden.

Ein Schwangerschaftsabbruch ist ein Konflikt zwischen den Grundrechten der Mutter und des Kindes. Grundsätzlich hat jeder Mensch und auch ein ungeborenes Kind das Recht auf Leben. Doch die Schwangere hat auch das Recht auf körperliche Unversehrtheit und das Recht auf freie Entfaltung ihrer Persönlichkeit. Zwischen diesen Grundrechten muss abgewogen werden.

Abtreibung ist eine Straftat

Um das Leben des Kindes zu schützen, ist ein Schwangerschaftsabbruch in Deutschland eine Straftat. Ja, richtig gelesen, eine Straftat. Allerdings ist er – unter ein paar Bedingungen – bis zur 12. Woche nach der Empfängnis straffrei, um auch die Rechte der Schwangeren zu schützen.

Legal ist eine Abtreibung nur, wenn die Schwangerschaft das Leben von Mutter oder Kind bedroht oder wenn sie aus einer Vergewaltigung entstanden ist. Übrigens werden auch nur diese *›legalen‹* Schwangerschaftsabbrüche von gesetzlichen Krankenkassen bezahlt. Ein normaler Abbruch muss selbst bezahlt werden.

Ein Schwangerschaftsabbruch, der diese Bedingungen nicht erfüllt, aber vor der 12. Woche erfolgt, wird zwar nicht bestraft, ist aber eigentlich verboten. Gefordert ist vor allem die Einhaltung einer fristgemäßen *›Schwangerschaftskonfliktberatung‹* durch eine zertifizierte Beratungsstelle.

§ 218 Strafgesetzbuch
(1) Wer eine Schwangerschaft abbricht, wird mit Freiheitsstrafe bis zu drei Jahren oder mit Geldstrafe bestraft.

Die Diskussion um Abtreibung wird schon seit Jahrhunderten geführt, und je nach Gesellschaft waren Schwangerschaftsabbrüche akzeptiert oder verboten. 1871 trat das Strafgesetzbuch (StGB) erstmals in Kraft: § 218 StGB stellte die Abtreibung mit bis zu 5 Jahren Zuchthaus unter Strafe. Zur Zeit des Deutschen Kaiserreichs hatten Frauen nur wenige Rechte, weniger Rechte als ein ungeborenes Kind. Erst ab 1927 waren Schwangerschaftsabbrüche wenigstens aus medizinischen Gründen erlaubt.

»Mein Bauch gehört mir«

In den 1970er Jahren hat die Frauenbewegung das Tabu um die Abtreibung gebrochen. In der Zeitschrift STERN bekannten sich 374 Frauen, darunter prominente Schauspielerinnen wie Senta Berger und Romy Schneider: ***»Wir haben abgetrieben.«*** Die skandalöse Aktion, mit Fotos und Namen auf dem Titelbild des Magazins am 1. Juni 1971 veröffentlicht, hatte die Journalistin Alice Schwarzer initiiert.

Die Frauen in der Bundesrepublik machten Druck. Sie forderten: ***»§ 218 StGB muss weg.«*** Es setzte eine Grundrechtsdiskussion ein: Ab wann ist ein Fötus ein Mensch? Ab dem ersten Herzschlag? Ab der Ausbildung von Organen? Oder schon ab der Befruchtung? Und was ist mit den Rechten der Frau? Die Frauenbewegung prägte den Slogan: ***»Mein Bauch gehört mir!«*** Frauen wollen selbst über die Schwangerschaft entscheiden, es ist schließlich ihr Körper und ihr Leben, das sich durch die Geburt eines Kindes ändert. Warum mischt sich der Staat bei dieser ganz persönlichen Frage ein?

1974 beschloss der Bundestag mit knapper Mehrheit die Fristenlösung. Bis zur 12. Woche sollte der Abbruch straffrei sein, schließlich hatte sich die Erkenntnis durchgesetzt, dass bis zu diesem Zeitpunkt der Fötus winzig klein ist, erst ca. 20 Gramm wiegt und noch keine Schmerzen empfinden kann. Von SPD über FDP bis hin zur CDU/CSU hatten sich die weiblichen Bundestagsabgeordneten fraktionsübergreifend für die Reform starkgemacht. Die Frauen wussten besser als jeder Mann, wie es ist, ungewollt schwanger zu sein. Doch die unterlegene CDU-Fraktion zog vor das Bundesverfassungsgericht. Sie fand, die Fristenlösung sei eine Grundrechtsverletzung. Die Rechte des ungeborenen Lebens wären nicht ausreichend geschützt.

Das Bundesverfassungsgericht entscheidet zum Schwangerschaftsabbruch

In einem aufsehenerregenden Urteil verwarf das Bundesverfassungsgericht 1975 die Fristenlösung. Es war der Auffassung, der Embryo sei nicht nur Teil des mütterlichen Organismus, sondern bereits ein selbstständiges menschliches Wesen. Aus Artikel 1 des Grundgesetzes ergebe sich eine Pflicht des Staates, das werdende Leben zu schützen. Das Recht der Mutter auf freie Entfaltung der Persönlichkeit, ihr Selbstbestimmungsrecht nach Artikel 2, zähle weniger als das Recht auf Leben des in ihr wachsenden Embryos. Der Staat müsse grundsätzlich von einer Pflicht zur Austragung der Schwangerschaft ausgehen, ihren Abbruch als Unrecht ansehen und dies sogar bestrafen.

Das Besondere dieses Urteils war, dass eine Richterin und ein Richter ganz anderer Meinung waren und ihre Ansichten ebenfalls im Urteilstext veröffentlichten. So wies die Bundesverfassungsrichterin Wiltraut Rupp-von Brünneck darauf hin, dass ein Abbruch nicht mit Mord oder anderen Tötungsdelikten vergleichbar sei. Schließlich entstehe erst im weiteren Verlauf der Schwangerschaft ein selbstständig existierendes Wesen. Und: Auch harte Strafen würden Frauen nicht davon abhalten, eine ungewollte Schwangerschaft zu beenden. Im Gegenteil, der Gesetzgeber müsse auch sie vor den Gefahren einer medizinisch gefährlichen, illegalen Abtreibung schützen.

1976 schließlich verabschiedete der Bundestag eine Reform des Abtreibungsrechts mit der *›Indikationenlösung‹* in § 218a StGB: Bei Vorliegen von verschiedenen Notlagen, was als Indikationen beschrieben wird, bleibt eine Abtreibung straffrei. Sie ist also quasi erlaubt. Währenddessen galt in der DDR bereits seit 1972 die Fristenlösung. Völlig legal und unproblematisch war es in den ersten zwölf Wochen möglich, eine Schwangerschaft zu beenden.

Neue Probleme beim Abtreibungsrecht

Nach der Wiedervereinigung und dem Beitritt der DDR zum Grundgesetz und den Gesetzen der Bundesrepublik wurde deren liberale Abtreibungsregel bald gekippt. Für ungewollte Schwangerschaften galt nun einheitlich der striktere § 218 StGB. Im Jahr 1993 war das Bundesverfassungsgericht wieder mal gefragt. Es entschied, dass auch die Pflicht zur Beratung, die der Bundestag 1992 gesetzlich vorgeschrieben hatte, durch das Grundgesetz zum Schutz des Kindes gefordert sei. Eine ungewollt Schwangere darf also nie ganz alleine entscheiden.

Erst 2022 übrigens wurde nach langer Zeit und ebenfalls viel Kritik § 219a aus dem Strafgesetzbuch gestrichen. In diesem Paragrafen, den die Nazis eingeführt hatten, ging es um sogenannte Werbung für Abtreibung. Frauenärzt:innen war es bei Strafe verboten, über Schwangerschaftsabbrüche und ihre Methoden öffentlich, z. B. auf ihrer Website, zu informieren. Dies galt als Werbung für sie, weil sie mit der Behandlung Geld verdienen. Alle anderen, die keine Abbrüche durchführen, also etwa Beratungsstellen, durften dagegen straflos Informationen verbreiten. Abtreibungsgegner hatten den vergessenen Paragrafen wiederentdeckt und zahlreiche Gynäkolog:innen angezeigt. 2017 etwa wurde die Frauenärztin Kristina Hänel zu einer Geldstrafe verurteilt. Die Rechtslage war eindeutig. Deshalb war es gut, als die neugewählte Regierung im Jahr 2022 mit der Mehrheit im Bundestag die Abschaffung von § 219a durchsetzte.

Was aber bleibt, ist die grundsätzliche Kritik an § 218 StGB. Konservativ bis fundamentalistisch Denkende wollen ihn wieder verschärfen und zetteln immer mal wieder Diskussionen an, bis hin zu Debatten im Bundestag. Aktivist:innen fordern dagegen, dass Schwangerschaftsabbrüche entkriminalisiert werden, eine Abtreibung also keine Straftat mehr ist.

Du willst das Kind nicht?

Als Erstes musst du von einem Arzt oder einer Ärztin die Schwangerschaft feststellen lassen. Wenn du die Schwangerschaft abbrechen möchtest, bekommst du dort die Überweisung zu der Klinik oder Praxis, die den Abbruch durchführen soll. Er kann medikamentös oder operativ durchgeführt werden.

Vorher musst du zu einer anerkannten Beratungsstelle gehen. Das ist gesetzlich vorgeschrieben. Du kannst das alleine machen oder deinen Partner, eine Freundin oder einen Elternteil mitnehmen. Dort besprichst du mit einer Beraterin oder einem Berater, ob du das Kind behalten möchtest oder nicht. Die beratende Person soll dich über deine Optionen aufklären und welche Hilfen dir zustehen, wenn du das Kind bekommen möchtest. Sie kann dich zu nichts zwingen. Es ist deine freie Entscheidung, ob du die Schwangerschaft fortsetzt oder abbrichst.

Wenn du ungewollt schwanger bist, findest du hier Informationen und Hilfe:
Profamilia berät zu den Themen Sexualität und Schwangerschaft: profamilia.de
Die **AWO** führt Schwangerschaftskonfliktberatungen durch: awo-schwanger.de/schwangerschaftsabbruch/

Auch andere Organisationen bieten Beratungen an. Achte darauf, dass es eine anerkannte Beratungsstelle ist. Nur sie kann dir den notwendigen Beratungsschein ausstellen.

Die Beratung kann anonym stattfinden; die beratende Person ist zum Schweigen verpflichtet. Nach der Beratung erhältst du einen Beratungsschein, den du in der Klinik vorlegen musst. Wenn du dich für eine Abtreibung entscheidest, müssen mindestens drei Tage zwischen Beratung und Termin vergehen, damit du noch einmal darüber nachdenken kannst.

Hast du Angst vor der Reaktion deiner Eltern?

Deine Eltern lieben dich und unterstützen dich in allen Lebenslagen. Auch bei einer Schwangerschaft oder einer Abtreibung stehen sie dir bestimmt zur Seite, wenn du mit ihnen darüber sprichst. Solltest du das trotzdem nicht wollen, kannst du ab 16 Jahren ohne die Zustimmung deiner Eltern eine Schwangerschaft abbrechen lassen. Die beratende Person bei der Schwangerschaftskonfliktberatung ist zum Schweigen verpflichtet. Sie wird ihnen nichts erzählen.

Was bedeutet das für Liana und Marlon?

Die beiden müssen erst einmal über die Situation nachdenken, mit Freund:innen oder ihren Eltern besprechen, ob sie ein Kind bekommen wollen oder nicht. Eine Schwangerschaftskonfliktberatung kann die beiden über ihre Möglichkeiten aufklären. Sie ist gesetzlich vorgeschrieben, sollten sie sich für einen Abbruch entscheiden. Liana und Marlon müssen dabei allerdings die Zeit im Blick behalten: Bis zur 12. Woche der Schwangerschaft müssen sie eine Entscheidung treffen. Nur so lange ist eine Abtreibung straffrei möglich.

WAS IST DER WORTLAUT DER GRUNDRECHTE UND WAS BEDEUTEN SIE?

Artikel 1 bis 19 Grundgesetz

Artikel 1

Schutz der Menschenwürde

Der wichtigste Artikel des Grundgesetzes beginnt mit der Würde des Menschen. Aber was meint eigentlich Menschenwürde? Sie bedeutet, dass jeder Mensch wertvoll ist, so wie er ist. Einfach, weil er ein Mensch ist. Seine Würde ist unantastbar. Das heißt, niemand darf in seinem Innersten verletzt werden, für das, was ihn unverwechselbar und einzigartig macht.

Die Menschenwürde ist das Leitprinzip unserer Verfassung. Nach dem menschenverachtenden Nationalsozialismus war es wichtig, dies als obersten Wert festzuschreiben und danach zu handeln. Dies gilt für uns Menschen untereinander. Vor allem aber muss der Staat die Würde aller Menschen achten und schützen.

1 Die Würde des Menschen ist unantastbar. Sie zu achten und zu schützen ist Verpflichtung aller staatlichen Gewalt.
2 Das Deutsche Volk bekennt sich darum zu unverletzlichen und unveräußerlichen Menschenrechten als Grundlage jeder menschlichen Gemeinschaft, des Friedens und der Gerechtigkeit in der Welt.
3 Die nachfolgenden Grundrechte binden Gesetzgebung, vollziehende Gewalt und Rechtsprechung als unmittelbar geltendes Recht.

Artikel 2

Freie Entfaltung der Persönlichkeit

Alle Menschen in Deutschland sind frei. Alle haben das Recht, so zu leben, wie sie wollen. Jeder Mensch entscheidet selbst über sein Leben. Wir dürfen also grundsätzlich alles so machen, wie wir wollen. Das ist die freie Entfaltung der Persönlichkeit. Doch auch die hat Grenzen, nämlich in dem Moment, in dem die Freiheit einer anderen Person verletzt wird. Um das zu regeln, muss es Gesetze geben. Aber: Jede Beschränkung der Handlungsfreiheit braucht gute Gründe. In Artikel 2 ist auch das Recht auf körperliche Unversehrtheit enthalten. Der Staat muss einiges tun, um Menschen vor den Gefahren für ihre Gesundheit zu schützen.

1 Jeder hat das Recht auf die freie Entfaltung seiner Persönlichkeit, soweit er nicht die Rechte anderer verletzt und nicht gegen die verfassungsmäßige Ordnung oder das Sittengesetz verstößt.
2 Jeder hat das Recht auf Leben und körperliche Unversehrtheit. Die Freiheit der Person ist unverletzlich. In diese Rechte darf nur auf Grund eines Gesetzes eingegriffen werden.

Artikel 3

Gleichstellung der Geschlechter und Diskriminierungsverbot

Alle Menschen haben die gleichen Rechte. Artikel 3 stellt ausdrücklich die Gleichberechtigung von Frauen und Männern heraus sowie die Verantwortung des Staates, die Benachteiligung von Frauen zu verhindern und zu beseitigen.

Gleichbehandlung und Gerechtigkeit sind für alle Menschen ausgesprochen wichtig. Ungleichbehandlungen werden als Ungerechtigkeit erlebt. Aus diesem Grund wird Artikel 3 Absatz 3 oft zitiert: Denn niemand darf besser oder schlechter behandelt werden. Nach dem Holocaust war es für die Bundesrepublik Deutschland wichtig, ein Diskriminierungsverbot ins Grundgesetz aufzunehmen.

1 Alle Menschen sind vor dem Gesetz gleich.
2 Männer und Frauen sind gleichberechtigt. Der Staat fördert die tatsächliche Durchsetzung der Gleichberechtigung von Frauen und Männern und wirkt auf die Beseitigung bestehender Nachteile hin.

3 Niemand darf wegen seines Geschlechtes, seiner Abstammung, seiner Rasse, seiner Sprache, seiner Heimat und Herkunft, seines Glaubens, seiner religiösen oder politischen Anschauungen benachteiligt oder bevorzugt werden. Niemand darf wegen seiner Behinderung benachteiligt werden.

Artikel 4

Glaubensfreiheit

Dieses Grundrecht schützt die Religionsfreiheit und die Gewissensfreiheit. Nach eigenen religiösen Vorstellungen leben zu können, ist für viele Menschen wesentlich. Wer einer Religionsgemeinschaft angehört, ob einer christlichen, jüdischen, muslimischen oder anderen, ist genauso geschützt wie jemand, der an keinen Gott glaubt oder Religion für nicht so wichtig hält. In Deutschland gibt es heute eine viel größere religiöse Vielfalt als früher. Das Grundrecht der Glaubensfreiheit soll dafür sorgen, dass sich alle mit ihrem Glauben wohlfühlen und ihn ungestört praktizieren können. Damit das funktioniert, ist es wichtig, dass der Staat neutral ist. Das bedeutet, dass keine Religion bevorzugt oder eine bestimmte Religion als offizielle Religion herausgestellt wird. In Deutschland gibt es keine Staatsreligion.

1 Die Freiheit des Glaubens, des Gewissens und die Freiheit des religiösen und weltanschaulichen Bekenntnisses sind unverletzlich.
2 Die ungestörte Religionsausübung wird gewährleistet.
3 Niemand darf gegen sein Gewissen zum Kriegsdienst mit der Waffe gezwungen werden. Das Nähere regelt ein Bundesgesetz.

Artikel 5

Meinungsfreiheit

Die Meinungs- und Informationsfreiheit sowie die Presse- und Rundfunkfreiheit stehen unter dem Schutz des Grundgesetzes.

Es geht um Kommunikation und um die Freiheit, zu sagen oder zu schreiben, was man denkt. Die persönliche Meinung ist geschützt. Auch Medien und deren Meinungsfreiheit sind geschützt. Sie liefern Informationen und berichten über viele Themen, damit sich alle selbst eine Meinung bilden können. Freie Meinungsäußerung und freie Medien sind wesentliche Bestandteile der Demokratie. Es darf geredet und gestritten werden. Meinungen sollen aber nicht in Hass umschlagen, Menschen dürfen nicht beleidigt und bedroht werden.

1 Jeder hat das Recht, seine Meinung in Wort, Schrift und Bild frei zu äußern und zu verbreiten und sich aus allgemein zugänglichen Quellen ungehindert zu unterrichten. Die Pressefreiheit und die Freiheit der Berichterstattung durch Rundfunk und Film werden gewährleistet. Eine Zensur findet nicht statt.
2 Diese Rechte finden ihre Schranken in den Vorschriften der allgemeinen Gesetze, den gesetzlichen Bestimmungen zum Schutze der Jugend und in dem Recht der persönlichen Ehre.
3 Kunst und Wissenschaft, Forschung und Lehre sind frei. Die Freiheit der Lehre entbindet nicht von der Treue zur Verfassung.

Artikel 6

Schutz von Ehe und Familie

Der Staat unterstützt alle Familien, weil sie gemeinsam durchs Leben gehen und füreinander Verantwortung tragen, egal in welcher Form: Die Gemeinschaft von Vater, Mutter, Kind genauso wie Patchwork-Familien und Alleinerziehende, Paare ohne Kinder oder auch gleichgeschlechtliche Partnerschaften mit oder ohne Kind.

Kinder stehen unter besonderem Schutz. In die Erziehung darf der Staat sich nicht einmischen. Aber wenn Kinder Hilfe benötigen, springt der Staat ein, zum Beispiel übers Jugendamt. Er unterstützt Familien mit Kindergeld und Steuervorteilen und er sorgt für Kindergärten und Schulen.

1. Ehe und Familie stehen unter dem besonderen Schutze der staatlichen Ordnung.
2. Pflege und Erziehung der Kinder sind das natürliche Recht der Eltern und die zuvörderst ihnen obliegende Pflicht. Über ihre Betätigung wacht die staatliche Gemeinschaft.
3. Gegen den Willen der Erziehungsberechtigten dürfen Kinder nur auf Grund eines Gesetzes von der Familie getrennt werden, wenn die Erziehungsberechtigten versagen oder wenn die Kinder aus anderen Gründen zu verwahrlosen drohen.
4. Jede Mutter hat Anspruch auf den Schutz und die Fürsorge der Gemeinschaft.
5. Den unehelichen Kindern sind durch die Gesetzgebung die gleichen Bedingungen für ihre leibliche und seelische Entwicklung und ihre Stellung in der Gesellschaft zu schaffen wie den ehelichen Kindern.

Artikel 7

Schulwesen

Der Staat muss ein funktionierendes Schulsystem sicherstellen. Alle Kinder und Jugendlichen sollen die gleichen Bildungschancen haben, passend zu ihrer Begabung und Leistungsfähigkeit. Dafür richtet er staatliche Schulen ein, private Schulen sind ebenso erlaubt, beide Schulformen stehen unter staatlicher Aufsicht. Die Organisation des Schulwesens ist den Bundesländern übertragen. Neben der Bildung übernimmt der Staat so auch einen Teil der Erziehung, was Eltern teilweise entlastet. Die Schule ist ein demokratischer Ort, weil hier das Miteinander von Andersdenkenden geübt wird.

1. Das gesamte Schulwesen steht unter der Aufsicht des Staates.
2. Die Erziehungsberechtigten haben das Recht, über die Teilnahme des Kindes am Religionsunterricht zu bestimmen.
3. Der Religionsunterricht ist in den öffentlichen Schulen mit Ausnahme der bekenntnisfreien Schulen ordentliches Lehrfach. Unbeschadet des staatlichen Aufsichtsrechtes

wird der Religionsunterricht in Übereinstimmung mit den Grundsätzen der Religionsgemeinschaften erteilt. Kein Lehrer darf gegen seinen Willen verpflichtet werden, Religionsunterricht zu erteilen.

4 Das Recht zur Errichtung von privaten Schulen wird gewährleistet. Private Schulen als Ersatz für öffentliche Schulen bedürfen der Genehmigung des Staates und unterstehen den Landesgesetzen. Die Genehmigung ist zu erteilen, wenn die privaten Schulen in ihren Lehrzielen und Einrichtungen sowie in der wissenschaftlichen Ausbildung ihrer Lehrkräfte nicht hinter den öffentlichen Schulen zurückstehen und eine Sonderung der Schüler nach den Besitzverhältnissen der Eltern nicht gefördert wird. Die Genehmigung ist zu versagen, wenn die wirtschaftliche und rechtliche Stellung der Lehrkräfte nicht genügend gesichert ist.

5 Eine private Volksschule ist nur zuzulassen, wenn die Unterrichtsverwaltung ein besonderes pädagogisches Interesse anerkennt oder, auf Antrag von Erziehungsberechtigten, wenn sie als Gemeinschaftsschule, als Bekenntnis- oder Weltanschauungsschule errichtet werden soll und eine öffentliche Volksschule dieser Art in der Gemeinde nicht besteht.

6 Vorschulen bleiben aufgehoben.

Artikel 8

Versammlungs- und Demonstrationsfreiheit

Dieses Grundrecht schützt die Freiheit, sich zu einem politischen Zweck zu versammeln. Zur Demokratie gehört das Recht, die Regierung, politische Entscheidungen oder andere gesellschaftliche Umstände öffentlich zu kritisieren und auf Missstände aufmerksam zu machen. Das Ganze darf als Demonstration auf der Straße passieren, sodass viele Menschen den Protest mitbekommen und auch die Medien darüber berichten. Grundsätzlich dürfen Demonstrationen nicht verboten werden. Sie müssen jedoch bei der Polizei angemeldet werden, damit der Verkehr rechtzeitig umgeleitet werden kann. Niemand darf von der Teilnahme an einer Demonstration abgehalten werden.

1 Alle Deutschen haben das Recht, sich ohne Anmeldung oder Erlaubnis friedlich und ohne Waffen zu versammeln.
2 Für Versammlungen unter freiem Himmel kann dieses Recht durch Gesetz oder auf Grund eines Gesetzes beschränkt werden.

Artikel 9

Vereinigungs- und Koalitionsfreiheit

Alle Menschen dürfen sich zusammentun und gemeinsam Ziele verfolgen. Manche spielen im Fußballverein, andere engagieren sich für die Umwelt oder für die Integration von Geflüchteten. In Deutschland sind auf diese Weise 20 bis 30 Millionen Menschen in Vereinen organisiert. Artikel 9 erwähnt auch die Interessensvertretungen der Arbeitswelt: Gewerkschaften und Arbeitgeberverbände sollen frei und ohne Einflussnahme des Staates über Tarifverträge und die Bedingungen des Arbeitslebens verhandeln. Das grundrechtlich geschützte Vereinsleben ist für eine demokratische Gesellschaft unverzichtbar.

1 Alle Deutschen haben das Recht, Vereine und Gesellschaften zu bilden.
2 Vereinigungen, deren Zwecke oder deren Tätigkeit den Strafgesetzen zuwiderlaufen oder die sich gegen die verfassungsmäßige Ordnung oder gegen den Gedanken der Völkerverständigung richten, sind verboten.
3 Das Recht, zur Wahrung und Förderung der Arbeits- und Wirtschaftsbedingungen Vereinigungen zu bilden, ist für jedermann und für alle Berufe gewährleistet. Abreden, die dieses Recht einschränken oder zu behindern suchen, sind nichtig, hierauf gerichtete Maßnahmen sind rechtswidrig. Maßnahmen nach den Artikeln 12a, 35 Abs. 2 und 3, Artikel 87a Abs. 4 und Artikel 91 dürfen sich nicht gegen Arbeitskämpfe richten, die zur Wahrung und Förderung

der Arbeits- und Wirtschaftsbedingungen von Vereinigungen im Sinne des Satzes 1 geführt werden.

Artikel 10

Brief-, Post- und Fernmeldegeheimnis

Die vertrauliche Kommunikation soll geschützt werden. Wer nicht direkt und unmittelbar miteinander sprechen kann, ist auf Übertragungswege angewiesen, klassisch per Post für Briefe und Päckchen, heute öfter über das Internet: E-Mail, SMS und alle möglichen Messenger-Dienste. Das Wort *›Briefgeheimnis‹* klingt zwar wie ein Relikt aus der Zeit der Postkutschen. Artikel 10 schützt aber auch unsere digitale Kommunikation, wie sie in dieser Form erst in den letzten Jahrzehnten entstanden ist. Polizei, Ermittlungsbehörden oder Nachrichtendienste dürfen nur im besonderen Fall, etwa bei Terrorismusverdacht, mitlesen oder Telefonate mithören.

1 Das Briefgeheimnis sowie das Post- und Fernmeldegeheimnis sind unverletzlich.

2 Beschränkungen dürfen nur auf Grund eines Gesetzes angeordnet werden. Dient die Beschränkung dem Schutze der freiheitlichen demokratischen Grundordnung oder des Bestandes oder der Sicherung des Bundes oder eines Landes, so kann das Gesetz bestimmen, dass sie dem Betroffenen nicht mitgeteilt wird und dass an die Stelle des Rechtsweges die Nachprüfung durch von der Volksvertretung bestellte Organe und Hilfsorgane tritt.

Der Datenschutz steht nicht ausdrücklich im Grundgesetz. Das Bundesverfassungsgericht hat aber entschieden, dass das »Recht auf informelle Selbstbestimmung« ein Grundrecht ist. Es bedeutet, dass jeder Mensch selbst bestimmen darf, welche persönlichen Informationen er im Internet preisgibt.

Artikel 11

Freizügigkeit

Alle Deutschen haben das Recht, sich überall in Deutschland aufzuhalten. Sie dürfen an jeden beliebigen Ort fahren und leben, wo sie wollen, wo sie Arbeit finden, wo sie nah bei den Menschen sind, die sie mögen. Mobilität ist wichtig und selbstverständlich und darf nur aus wichtigem Grund eingeschränkt werden. Diese Freizügigkeit gilt für Deutsche auch in Europa. Weil Deutschland Mitglied der EU ist, dürfen Deutsche überall hinreisen und in den Ländern der EU auch arbeiten und wohnen. Umgekehrt gilt die Freizügigkeit für alle, die einen Pass aus einem Mitgliedsland der EU haben.

1 Alle Deutschen genießen Freizügigkeit im ganzen Bundesgebiet.
2 Dieses Recht darf nur durch Gesetz oder auf Grund eines Gesetzes und nur für die Fälle eingeschränkt werden, in denen eine ausreichende Lebensgrundlage nicht vorhanden ist und der Allgemeinheit daraus besondere Lasten entstehen würden oder in denen es zur Abwehr einer drohenden Gefahr für den Bestand oder die freiheitliche demokratische Grundordnung des Bundes oder eines Landes, zur Bekämpfung von Seuchengefahr, Naturkatastrophen oder besonders schweren Unglücksfällen, zum Schutze der Jugend vor Verwahrlosung oder um strafbaren Handlungen vorzubeugen, erforderlich ist.

Artikel 12

Berufsfreiheit

Alle Deutschen haben das Recht, frei über Ausbildung, Studium, Beruf und Arbeitsplatz zu entscheiden. Diese Wahlfreiheit gilt auch für die Frage, wann, wo und wie lange die Berufstätigkeit ausgeübt werden soll. Es gibt aber keine Garantie, dass es mit dem gewünschten Studienplatz oder einem Job im Traumberuf klappt. Die Einzelheiten von Ausbildung und Beruf sind in vielen Gesetzen geregelt, beispielsweise müssen alle Berufstätigen Steuern zahlen. Die Berufsfreiheit soll die finanzielle Unabhängigkeit und ein selbstständiges Leben ermöglichen. Weil Deutschland Mitglied der EU ist, gilt die Berufsfreiheit für die Bürger:innen aller EU-Staaten.

1 Alle Deutschen haben das Recht, Beruf, Arbeitsplatz und Ausbildungsstätte frei zu wählen. Die Berufsausübung kann durch Gesetz oder auf Grund eines Gesetzes geregelt werden.
2 Niemand darf zu einer bestimmten Arbeit gezwungen werden, außer im Rahmen einer herkömmlichen allgemeinen, für alle gleichen öffentlichen Dienstleistungspflicht.
3 Zwangsarbeit ist nur bei einer gerichtlich angeordneten Freiheitsentziehung zulässig.

Artikel 12a

Wehrdienst und Ersatzdienst

Bis vor einigen Jahren bestimmte der Artikel 12a, dass junge Männer Wehrdienst bei der Bundeswehr leisten müssen. Sie sollten lernen, Deutschland zu verteidigen und wurden für mehrere Monate eingezogen. Wer den Dienst an der Waffe nicht mit seinem Gewissen vereinbaren konnte, durfte Ersatzdienst leisten. Das war meist eine soziale Hilfstätigkeit, zum Beispiel im Krankenhaus oder im Altenheim. Frauen waren vom Wehrdienst ausgenommen.

Heute ist die Bundeswehr eine reine Berufsarmee. Frauen und Männer gehen freiwillig zur Bundeswehr. Aber Achtung: Die Wehrpflicht ist nicht völlig abgeschafft, sondern nur ausgesetzt. Im grundgesetzlich geregelten *›Spannungs- oder Verteidigungsfall‹* soll es möglich sein, Männer wieder zum Wehrdienst einzuziehen.

1 Männer können vom vollendeten achtzehnten Lebensjahr an zum Dienst in den Streitkräften, im Bundesgrenzschutz oder in einem Zivilschutzverband verpflichtet werden.
2 Wer aus Gewissensgründen den Kriegsdienst mit der Waffe verweigert, kann zu einem Ersatzdienst verpflichtet werden. Die Dauer des Ersatzdienstes darf die Dauer des Wehrdienstes nicht übersteigen. Das Nähere regelt ein Gesetz, das die Freiheit der Gewissensentscheidung nicht beeinträchtigen darf und auch eine Möglichkeit des Ersatz-

dienstes vorsehen muss, die in keinem Zusammenhang mit den Verbänden der Streitkräfte und des Bundesgrenzschutzes steht.

3 Wehrpflichtige, die nicht zu einem Dienst nach Absatz 1 oder 2 herangezogen sind, können im Verteidigungsfalle durch Gesetz oder auf Grund eines Gesetzes zu zivilen Dienstleistungen für Zwecke der Verteidigung einschließlich des Schutzes der Zivilbevölkerung in Arbeitsverhältnisse verpflichtet werden; Verpflichtungen in öffentlich-rechtliche Dienstverhältnisse sind nur zur Wahrnehmung polizeilicher Aufgaben oder solcher hoheitlichen Aufgaben der öffentlichen Verwaltung, die nur in einem öffentlich-rechtlichen Dienstverhältnis erfüllt werden können, zulässig. Arbeitsverhältnisse nach Satz 1 können bei den Streitkräften, im Bereich ihrer Versorgung sowie bei der öffentlichen Verwaltung begründet werden; Verpflichtungen in Arbeitsverhältnisse im Bereiche der Versorgung der Zivilbevölkerung sind nur zulässig, um ihren lebensnotwendigen Bedarf zu decken oder ihren Schutz sicherzustellen.

4 Kann im Verteidigungsfalle der Bedarf an zivilen Dienstleistungen im zivilen Sanitäts- und Heilwesen sowie in der ortsfesten militärischen Lazarettorganisation nicht auf freiwilliger Grundlage gedeckt werden, so können Frauen vom vollendeten achtzehnten bis zum vollendeten fünfundfünfzigsten Lebensjahr durch Gesetz oder auf Grund eines Gesetzes zu derartigen Dienstleistungen herangezogen werden. Sie dürfen auf keinen Fall zum Dienst mit der Waffe verpflichtet werden.

5 Für die Zeit vor dem Verteidigungsfalle können Verpflichtungen nach Absatz 3 nur nach Maßgabe des Artikels 80a Abs. 1 begründet werden. Zur Vorbereitung auf Dienstleistungen nach Absatz 3, für die besondere Kenntnisse oder Fertigkeiten erforderlich sind, kann durch Gesetz oder auf Grund eines Gesetzes die Teilnahme an Ausbildungsveranstaltungen zur Pflicht gemacht werden. Satz 1 findet insoweit keine Anwendung.

6 Kann im Verteidigungsfalle der Bedarf an Arbeitskräften für die in Absatz 3 Satz 2 genannten Bereiche auf freiwilliger Grundlage nicht gedeckt werden, so kann zur Sicherung dieses Bedarfs die Freiheit der Deutschen, die

Ausübung eines Berufs oder den Arbeitsplatz aufzugeben, durch Gesetz oder auf Grund eines Gesetzes eingeschränkt werden. Vor Eintritt des Verteidigungsfalles gilt Absatz 5 Satz 1 entsprechend.

Artikel 13

Unverletzlichkeit der Wohnung

Unser Zuhause ist ein geschützter Raum. In diesen privaten Rückzugsort darf niemand Fremdes rein. Die Wohnung, das Hotelzimmer und auch das Büro genießen Schutz vor staatlichem Zugriff. Eine Hausdurchsuchung muss ein Gericht anordnen. Jedoch wurde durch eine umfangreiche Grundgesetzänderung der *›große Lauschangriff‹* legal: Zur Aufklärung von schweren Straftaten dürfen Ermittlungsbehörden Mikrofone in fremden Wohnungen installieren und Telefonate mitschneiden, obwohl nach Artikel 10 Grundgesetz das Mithören fremder Gespräche das Fernmeldegeheimnis verletzt.

1 Die Wohnung ist unverletzlich.
2 Durchsuchungen dürfen nur durch den Richter, bei Gefahr im Verzuge auch durch die in den Gesetzen vorgesehenen anderen Organe angeordnet und nur in der dort vorgeschriebenen Form durchgeführt werden.
3 Begründen bestimmte Tatsachen den Verdacht, dass jemand eine durch Gesetz einzeln bestimmte besonders schwere Straftat begangen hat, so dürfen zur Verfolgung der Tat auf Grund richterlicher Anordnung technische Mittel zur akustischen Überwachung von Wohnungen, in denen der Beschuldigte sich vermutlich aufhält, eingesetzt werden, wenn die Erforschung des Sachverhalts auf andere Weise unverhältnismäßig erschwert oder aussichtslos wäre. Die Maßnahme ist zu befristen. Die Anordnung erfolgt durch einen mit drei Richtern besetzten Spruchkörper. Bei Gefahr im Verzuge kann sie auch durch einen einzelnen Richter getroffen werden.
4 Zur Abwehr dringender Gefahren für die öffentliche Sicherheit, insbesondere einer gemeinen Gefahr oder einer Lebensgefahr, dürfen technische Mittel zur Überwachung

von Wohnungen nur auf Grund richterlicher Anordnung eingesetzt werden. Bei Gefahr im Verzuge kann die Maßnahme auch durch eine andere gesetzlich bestimmte Stelle angeordnet werden; eine richterliche Entscheidung ist unverzüglich nachzuholen.

5 Sind technische Mittel ausschließlich zum Schutze der bei einem Einsatz in Wohnungen tätigen Personen vorgesehen, kann die Maßnahme durch eine gesetzlich bestimmte Stelle angeordnet werden. Eine anderweitige Verwertung der hierbei erlangten Erkenntnisse ist nur zum Zwecke der Strafverfolgung oder der Gefahrenabwehr und nur zulässig, wenn zuvor die Rechtmäßigkeit der Maßnahme richterlich festgestellt ist; bei Gefahr im Verzuge ist die richterliche Entscheidung unverzüglich nachzuholen.

6 Die Bundesregierung unterrichtet den Bundestag jährlich über den nach Absatz 3 sowie über den im Zuständigkeitsbereich des Bundes nach Absatz 4 und, soweit richterlich überprüfungsbedürftig, nach Absatz 5 erfolgten Einsatz technischer Mittel. Ein vom Bundestag gewähltes Gremium übt auf der Grundlage dieses Berichts die parlamentarische Kontrolle aus. Die Länder gewährleisten eine gleichwertige parlamentarische Kontrolle.

7 Eingriffe und Beschränkungen dürfen im Übrigen nur zur Abwehr einer gemeinen Gefahr oder einer Lebensgefahr für einzelne Personen, auf Grund eines Gesetzes auch zur Verhütung dringender Gefahren für die öffentliche Sicherheit und Ordnung, insbesondere zur Behebung der Raumnot, zur Bekämpfung von Seuchengefahr oder zum Schutze gefährdeter Jugendlicher vorgenommen werden.

Artikel 14

Eigentumsgarantie und Eigentum verpflichtet

Jegliche Art von Eigentum soll sicher und geschützt sein. Smartphone, Fahrrad oder das Haus der Eltern – was gekauft, geschenkt oder vererbt wird, gehört uns und ist unser Eigentum. Niemand darf es wegnehmen oder kaputt machen. Weil das trotzdem passiert, gibt es das Strafgesetz, um den Diebstahl zu bestrafen, oder das Schadensersatzrecht, damit ein Schaden bezahlt wird. Beansprucht der Staat ein Grundstück für den Bau einer wichtigen Straße, muss er eine Entschädigung zahlen. Eine Enteignung bleibt die Ausnahme.

In Artikel 14 steckt auch die Aufforderung, das Eigentum so zu verwenden, dass es allen nützt: Wer eine Fabrik besitzt, soll Arbeitsplätze anbieten, wer viele Häuser hat, soll Wohnungen vermieten. Dazu gezwungen werden kann aber niemand.

1 Das Eigentum und das Erbrecht werden gewährleistet. Inhalt und Schranken werden durch die Gesetze bestimmt.
2 Eigentum verpflichtet. Sein Gebrauch soll zugleich dem Wohle der Allgemeinheit dienen.
3 Eine Enteignung ist nur zum Wohle der Allgemeinheit zulässig. Sie darf nur durch Gesetz oder auf Grund eines Gesetzes erfolgen, das Art und Ausmaß der Entschädigung regelt. Die Entschädigung ist unter gerechter Abwägung der Interessen der Allgemeinheit und der Beteiligten zu bestimmen. Wegen der Höhe der Entschädigung steht im Streitfalle der Rechtsweg vor den ordentlichen Gerichten offen.

Artikel 15

Enteignung

Als das Grundgesetz 1949 beschlossen wurde, war die Wirtschaftsform für die gerade entstehende Bundesrepublik noch nicht klar. Private Marktwirtschaft oder Sozialismus – die Enteignung nach Artikel 15 sollte als Kompromiss möglich sein. Sie ist jedoch noch nie angewendet worden.

Grundsätzlich bedeutet Enteignung, dass Grundstücke oder Unternehmen den Eigentümern oder Betreibern weggenommen und vergesellschaftet werden können. Sie gehören dann allen, als Gemeineigentum. Für die Enteignung muss eine angemessene Entschädigung gezahlt werden.

1 Grund und Boden, Naturschätze und Produktionsmittel können zum Zwecke der Vergesellschaftung durch ein Gesetz, das Art und Ausmaß der Entschädigung regelt, in Gemeineigentum oder in andere Formen der Gemeinwirtschaft überführt werden. Für die Entschädigung gilt Artikel 14 Abs. 3 Satz 3 und 4 entsprechend.

Artikel 16

Schutz vor Ausbürgerung und Auslieferung

Wer die deutsche Staatsangehörigkeit hat, darf sie nicht verlieren. Dieses Grundrecht reagiert auf die Gräuel der Nazizeit, als jüdischen Deutschen ihre staatsbürgerlichen Rechte weggenommen wurden. Das soll nie wieder geschehen. Artikel 16 sagt auch, dass Deutsche nicht zur Strafverfolgung ins Ausland ausgeliefert werden dürfen. Wer allerdings in einem Land der EU eine Straftat begangen hat, kann trotzdem dort vor Gericht gestellt werden. Diese Staaten der EU gelten insofern nicht als Ausland.

1 Die deutsche Staatsangehörigkeit darf nicht entzogen werden. Der Verlust der Staatsangehörigkeit darf nur auf Grund eines Gesetzes und gegen den Willen des Betroffenen nur dann eintreten, wenn der Betroffene dadurch nicht staatenlos wird.
2 Kein Deutscher darf an das Ausland ausgeliefert werden. Durch Gesetz kann eine abweichende Regelung für Auslieferungen an einen Mitgliedstaat der Europäischen Union oder an einen internationalen Gerichtshof getroffen werden, soweit rechtsstaatliche Grundsätze gewahrt sind.

Artikel 16a

Asylrecht

Immer wieder fliehen Menschen aus ihrem Heimatland, weil sie wegen ihrer politischen Haltung verfolgt, gefoltert oder sogar mit

dem Tod bedroht sind. Auch aus Nazideutschland sind viele Menschen geflüchtet, aber es war schwer, in anderen Ländern Asyl zu bekommen. Nach dieser Erfahrung wurde das Grundgesetz mit einem starken Asylrecht ausgestattet.
Weltweit sind heute Millionen Menschen auf der Flucht vor Krieg, Naturkatastrophen und Armut, nicht nur aufgrund politischer Verfolgung. Das deutsche Asylrecht ist mittlerweile ein kompliziertes Verfahren; die Behörden müssen die Asylgründe sehr genau prüfen.

1 Politisch Verfolgte genießen Asylrecht.

2 Auf Absatz 1 kann sich nicht berufen, wer aus einem Mitgliedstaat der Europäischen Gemeinschaften oder aus einem anderen Drittstaat einreist, in dem die Anwendung des Abkommens über die Rechtsstellung der Flüchtlinge und der Konvention zum Schutze der Menschenrechte und Grundfreiheiten sichergestellt ist. Die Staaten außerhalb der Europäischen Gemeinschaften, auf die die Voraussetzungen des Satzes 1 zutreffen, werden durch Gesetz, das der Zustimmung des Bundesrates bedarf, bestimmt. In den Fällen des Satzes 1 können aufenthaltsbeendende Maßnahmen unabhängig von einem hiergegen eingelegten Rechtsbehelf vollzogen werden.

3 Durch Gesetz, das der Zustimmung des Bundesrates bedarf, können Staaten bestimmt werden, bei denen auf Grund der Rechtslage, der Rechtsanwendung und der allgemeinen politischen Verhältnisse gewährleistet erscheint, dass dort weder politische Verfolgung noch unmenschliche oder erniedrigende Bestrafung oder Behandlung stattfindet. Es wird vermutet, dass ein Ausländer aus einem solchen Staat nicht verfolgt wird, solange er nicht Tatsachen vorträgt, die die Annahme begründen, dass er entgegen dieser Vermutung politisch verfolgt wird.

4 Die Vollziehung aufenthaltsbeendender Maßnahmen wird in den Fällen des Absatzes 3 und in anderen Fällen, die offensichtlich unbegründet sind oder als offensichtlich unbegründet gelten, durch das Gericht nur ausgesetzt, wenn ernstliche Zweifel an der Rechtmäßigkeit der Maßnahme bestehen; der Prüfungsumfang kann eingeschränkt werden und verspätetes Vorbringen unberücksichtigt bleiben. Das Nähere ist durch Gesetz zu bestimmen.

5 Die Absätze 1 bis 4 stehen völkerrechtlichen Verträgen von Mitgliedstaaten der Europäischen Gemeinschaften untereinander und mit dritten Staaten nicht entgegen, die unter Beachtung der Verpflichtungen aus dem Abkommen über die Rechtsstellung der Flüchtlinge und der Konvention zum Schutze der Menschenrechte und Grundfreiheiten, deren Anwendung in den Vertragsstaaten sichergestellt sein muss, Zuständigkeitsregelungen für die Prüfung von Asylbegehren einschließlich der gegenseitigen Anerkennung von Asylentscheidungen treffen.

Artikel 17

Petitionsrecht

Das Petitionsrecht ermöglicht es, sich mit Bitten, Beschwerden und Kritik an alle öffentlichen Stellen zu wenden, gemeint sind die Behörden, genauso die Parlamente in Bund und Ländern – und zwar ohne in der Folge irgendeine Form der Benachteiligung befürchten zu müssen. Das Petitionsrecht hat eine wichtige demokratische Funktion, denn es kann Politik verändern. Eine Petition einzureichen, geht im Alleingang oder gemeinsam mit vielen anderen. Der Bundestag hat im Internet eine Petitionsplattform eingerichtet. Hier ist es möglich, Gesetzesänderungen anzuregen und Leute zu finden, die die Petition unterstützen. Je mehr Menschen eine Forderung stellen, desto mehr Bedeutung erhält sie.

1 Jedermann hat das Recht, sich einzeln oder in Gemeinschaft mit anderen schriftlich mit Bitten oder Beschwerden an die zuständigen Stellen und an die Volksvertretung zu wenden.

Artikel 17a

Grundrechtseinschränkung

Für Angehörige der Bundeswehr gilt eine Einschränkung für einen wichtigen Teil ihrer Grundrechte: die freie Meinungsäußerung, die Versammlungsfreiheit und das Petitionsrecht. Soldat:innen sollen keine militärischen Geheimnisse verraten. Das galt schon, als es noch die Wehrpflicht und den Ersatzdienst gab.

Artikel 17a wurde erst 1956 ins Grundgesetz aufgenommen, nachdem der Bundestag die Gründung der Bundeswehr und damit die Wiederbewaffnung beschlossen hatte. In Absatz 2 wird klargestellt, dass bei Krieg oder Naturkatastrophen auch die normale Bevölkerung Grundrechtseinschränkungen hinnehmen muss.

1 Gesetze über Wehrdienst und Ersatzdienst können bestimmen, dass für die Angehörigen der Streitkräfte und des Ersatzdienstes während der Zeit des Wehr- oder Ersatzdienstes das Grundrecht, seine Meinung in Wort, Schrift und Bild frei zu äußern und zu verbreiten (Artikel 5 Abs. 1 Satz 1 erster Halbsatz), das Grundrecht der Versammlungsfreiheit (Artikel 8) und das Petitionsrecht (Artikel 17), soweit es das Recht gewährt, Bitten oder Beschwerden in Gemeinschaft mit anderen vorzubringen, eingeschränkt werden.
2 Gesetze, die der Verteidigung einschließlich des Schutzes der Zivilbevölkerung dienen, können bestimmen, dass die Grundrechte der Freizügigkeit (Artikel 11) und der Unverletzlichkeit der Wohnung (Artikel 13) eingeschränkt werden.

Artikel 18

Verwirkung der Grundrechte

Der Staat soll sich gegen Feinde der Verfassung wehren dürfen: Wer Grundrechte verletzt, verliert eigene Grundrechte. Gemeint ist damit ein aggressives und kämpferisches Vorgehen gegen die freiheitlich demokratische Grundordnung. Insbesondere Meinungsfreiheit, Pressefreiheit und Versammlungsfreiheit sollen nicht dazu missbraucht werden, das Grundgesetz zu bekämpfen, beispielsweise durch hetzerische Publikationen im großen Stil.

In der 75-jährigen Geschichte des Grundgesetzes gab es erst vier Versuche, Grundrechte aufgrund von Artikel 18 zu entziehen. Die Gerichte haben dies bisher immer abgelehnt.

1 Wer die Freiheit der Meinungsäußerung, insbesondere die Pressefreiheit (Artikel 5 Abs. 1), die Lehrfreiheit (Artikel 5 Abs. 3), die Versammlungsfreiheit (Artikel 8), die Vereinigungsfreiheit (Artikel 9), das Brief-, Post- und Fernmeldegeheimnis (Artikel 10), das Eigentum (Artikel 14) oder das Asylrecht (Artikel 16a) zum Kampfe gegen die freiheitliche demokratische Grundordnung missbraucht, verwirkt diese Grundrechte. Die Verwirkung und ihr Ausmaß werden durch das Bundesverfassungsgericht ausgesprochen.

Artikel 19

Schutz der Grundrechte

Die Grundrechte sollen möglichst so erhalten bleiben, wie sie ursprünglich formuliert wurden. Nichtsdestotrotz waren in den 75 Jahren, seitdem das Grundgesetz gilt, einige Ergänzungen notwendig. Die Gesellschaft und ihre Wertvorstellungen haben sich geändert, einige Probleme kannten die Mütter und Väter des Grundgesetzes noch nicht. Besondere Bedeutung hat Artikel 19 Absatz 4: Es erlaubt, Grundrechtsverletzungen vor Gericht einzuklagen. Diese Möglichkeit der Kontrolle hat die Wirkung, dass sich Gesetzgeber, Verwaltung und Gerichte ziemlich gut an das Grundgesetz und alle weiteren Gesetze halten.

1 Soweit nach diesem Grundgesetz ein Grundrecht durch Gesetz oder auf Grund eines Gesetzes eingeschränkt werden kann, muss das Gesetz allgemein und nicht nur für den Einzelfall gelten. Außerdem muss das Gesetz das Grundrecht unter Angabe des Artikels nennen.
2 In keinem Falle darf ein Grundrecht in seinem Wesensgehalt angetastet werden.
3 Die Grundrechte gelten auch für inländische juristische Personen, soweit sie ihrem Wesen nach auf diese anwendbar sind.
4 Wird jemand durch die öffentliche Gewalt in seinen Rechten verletzt, so steht ihm der Rechtsweg offen. Soweit eine andere Zuständigkeit nicht begründet ist, ist der ordentliche Rechtsweg gegeben. Artikel 10 Abs. 2 Satz 2 bleibt unberührt.

Weiterlesen

Bundeszentrale für Politische Bildung:
»Grund- und Menschenrechte«, »Gleichberechtigung« und viele weitere Dossiers
www.bpb.de/

Bundestag, Geschichte des Parlaments, wichtige Ereignisse und Debatten
www.bundestag.de/parlament/geschichte

SWR, Planet Wissen, Deutsche Geschichte, Grundrechte usw.
www.planet-wissen.de/geschichte/

Service für Jugendliche

Mitmischen.de: Dein Portal zum Bundestag
www.mitmischen.de/

Politik, das bist auch du: Jugendstrategie der Bundesregierung
www.jugendstrategie.de

Arbeitsstelle Eigenständige Jugendpolitik
www.jugendgerecht.de/

Aktionsbündnis Kinderrechte ins Grundgesetz
kinderrechte-ins-grundgesetz.de/

Initiative Jugend wählt – Wahlrecht ab 16!
jugend-waehlt.de/

Europäisches Jugendportal
youth.europa.eu/

Bundesjustizministerium, Ratgeber Jugendrechte.
Meine Erziehung, da rede ich mit
www.bmj.de/SharedDocs/Publikationen/DE/Meine_Erziehung.pdf

Regenbogenportal der Bundesregierung zu gleichgeschlechtlichen Lebensweisen und geschlechtlicher Vielfalt
www.regenbogenportal.de/

Antidiskriminierungsstelle des Bundes
www.antidiskriminierungsstelle.de

Nummer gegen Kummer, Telefonberatung für Kinder und Jugendliche
www.nummergegenkummer.de/

Netzdurchblick: Internetratgeber für Jugendliche
www.netzdurchblick.de/

Initiative Klicksafe, Informationsportal zu digitalen Themen und Diensten
www.klicksafe.de/

Christine und Milla Olderdissen
Jede*r hat das Recht – Fälle, Fakten und Gedanken
zum Grundgesetz
ISBN: 978 3 522 30638 6

Gesamtgestaltung, Innenlayout und -typografie:
Eva Jung und Wiebke Kubitza, gobasil GmbH, Hamburg
Satz: Tanja Haaf
Reproduktion: Schwabenrepro, Stuttgart
Druck und Bindung: Livonia Print, Riga

MIX
Papier | Fördert
gute Waldnutzung
FSC® C002795

Der Ratgeber für nachhaltige Berufsbilder

Helene Flachsenberg

Mach's zu deinem Job!

192 Seiten · Broschur
ISBN 978-3-522-30601-0

Um mit dem eigenen Beruf etwas zu bewegen, muss man keine Greta oder Malala sein. Ob als Servicetechniker für Windkraftanlagen, Diversity Trainerin oder Försterin – es gibt viele Wege, die Welt zu verbessern. Aber was macht eigentlich einen erfüllenden und sinnstiftenden Job aus? Welche Wege stehen mir nach Schule, Ausbildung oder Studium offen? Helene Flachsenberg zeigt in diesem innovativen Ratgeber, welche Branchen zu deinen Stärken und Bedürfnissen passen, welche Berufe im Bereich Nachhaltigkeit ganz neu entstanden sind und wie du erkennst, ob ein Unternehmen wirklich „grün" ist.